KB188868

양의 고백

양의 고백

지은이 | 한기채
초판 발행 | 2023. 11. 9
등록번호 | 제1988-000080호
등록된 곳 | 서울특별시 용산구 서빙고로 65길 38
발행처 | 사단법인 두란노서원
영업부 | 2078-3352   FAX | 080-749-3705
출판부 | 2078-3331

책값은 뒤표지에 있습니다.
ISBN 978-89-531-4648-8 03230

독자의 의견을 기다립니다.
tpress@duranno.com   www.duranno.com

두란노서원은 바울 사도가 3차 전도여행 때 에베소에서 성령 받은 제자들을 따로 세워 하나님의
말씀으로 양육하던 장소입니다. 사도행전 19장 8-20절의 정신에 따라 첫째 목회자를 돕는 사역과
평신도를 훈련시키는 사역, 둘째 세계선교(TIM)와 문서선교 (단행본·잡지) 사역, 셋째 예수문화 및 경배
와 찬양 사역, 그리고 가정·상담 사역 등을 감당하고 있습니다. 1980년 12월 22일에 창립된 두란
노서원은 주님 오실 때까지 이 사역들을 계속할 것입니다.

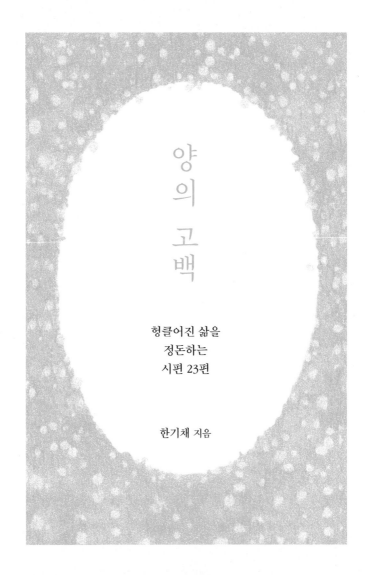

양의 고백

헝클어진 삶을
정돈하는
시편 23편

한기채 지음

두란노

여호와는 나의 목자시니

내게 부족함이 없으리로다

그가 나를 푸른 풀밭에 누이시며

쉴 만한 물가로 인도하시는도다

내 영혼을 소생시키시고 자기 이름을 위하여

의의 길로 인도하시는도다

내가 사망의 음침한 골짜기로 다닐지라도

해를 두려워하지 않을 것은 주께서 나와 함께 하심이라

주의 지팡이와 막대기가 나를 안위하시나이다

주께서 내 원수의 목전에서 내게 상을 차려 주시고

기름을 내 머리에 부으셨으니 내 잔이 넘치나이다

내 평생에 선하심과 인자하심이 반드시 나를 따르리니

내가 여호와의 집에 영원히 살리로다

- 시편 23편 -

차례

사랑하는
나의 목자에게

　　　　신실하신 나의 목자님, 인생의 우여곡절을
다 겪고 나서야 돌아와 당신께 감사와 영광을 돌립니
다. 지금은 많이 벗어났고 심지어 뇌리에서 희미해지고
있지만, 얼마 전까지만 해도 전 세계가 코로나19로 얼
마나 큰 고통을 받았습니까? 재난을 겪으면서 잘난 사
람, 못난 사람 구분 없이 모든 사람이 평등하다는 것을
느꼈습니다. 전 세계적인 재난은 선진국 국민이나 후진
국 국민, 잘사는 사람이나 가난한 사람, 지위와 학식이
있는 사람이나 없는 사람, 심지어 신앙 유무에 상관없

이 같은 시대를 살고 있는 모든 사람의 형편을 평준화 시켰습니다. 생명의 유한함과 연약함 앞에서 누구도 자유로울 수 없었습니다. 우리가 그동안 얼마나 교만하며 기고만장하게 살아왔는지, 주신 일상의 은혜에 감사하지 않고 당연시해 왔는지, 이웃뿐 아니라 자연 만물과 얼마나 잘 어울려 살지 못했는지를 실감했습니다. 우리는 과거를 뒤돌아보면서 후회도 회개도 정말 많이 했습니다. 인간의 한계치를 경험함으로써, 최첨단 과학과 기술을 가진 인류라도 얼마나 무력한지를, 과연 무엇이 영원하며 누구를 의지하고 어디에 마음을 두고 살아야 하는지를 다시금 생각했습니다.

예수님이 영원에서 시간 속으로 들어오심으로써 인류 역사가 이전(B.C.)과 이후(A.D.)로 차별화된 것처럼, 코로나19 이후에는 이전과 완전히 다르게 살겠다고 단단히 다짐했었습니다. 그 결심이 사라지기 전에 이렇게 다시 고백합니다.

내가 나의 삶을 책임질 수 없다는 사실을 깨닫고, 나의 한계 상황 너머에 계시는 목자님만을 따라 살겠습니다.

전능하신 목자님, 코로나19 외에도 전쟁, 내전, 지진, 홍수, 화재, 기근, 질병 등으로 신음하는 인류를 굽어살펴주세요. 우리는 세상이 줄 수 없는 진정한 평안과 위로와 소망이 필요합니다. 세상에 내재하시면서도 모든 것을 초월해 계시는 목자님의 사랑이 절실히 필요합니다. 특히 하나님의 자녀이면서도 목자의 음성을 듣지 못해서 불안하게 밤을 지새우는 신자들에게 목자의 따뜻한 손길이 필요합니다. 목자님은 그들을 내버려 두지 않으시며 곧 오셔서 좋은 길로 인도하시리라는 확신을 갖게 해 주십시오. 비록 보이지 않아도 나를 돌보시고 인도하시는 목자를 삶의 풍파를 맞은 모든 신자들이 확실하게 경험할 수 있게 해 주십시오. 어려움 가운데서도 확신과 경험을 얻게 된다면 세속에서 잃은 것보다도 더 값진 영적 자산을 얻게 될 것입니다.

다윗의 파란만장한 삶의 경험이 담긴 시편 23편은 전체 시편의 요약과도 같습니다. 이는 성경을 익히 아는 성도들뿐 아니라 불신자들조차도 들어 알고 있는 유명한 말씀입니다. 하나님과 인간의 관계를 가장 잘 드러내는 아름다운 말씀이자 인간이 하나님께 드릴 최상의 고백입니다.

이 말씀이 나의 고백이 되게 하시고, 사상이 되게 하시고, 삶이 되게 하소서. 이 다윗의 고백이 나의 고백이 된 것처럼, 신자들의 고백이 되게 하소서. 주님을 목자로 모신 자에게는 목자를 더욱 잘 알고 따르게 하는 말씀, 인생의 목자가 없어 방황하는 자에게는 선한 목자를 만나는 주의 길잡이가 되게 하소서.

역사상 사람들이 평안했던 적이 얼마나 되겠습니까? 지금이라도 당신의 자녀들이 이 말씀을 듣고 깨달아 삶에서 살아내기를 원합니다.

여섯 개 절로 이루어진 시편 23편을 한 절씩 여섯 번에 나누어 살펴보고자 합니다. 사람들 사이의 관계는 성품을 통해 더욱 깊어지듯, 하나님과 인간 사이의 관계는 영성의 고백을 통해 더욱 깊어진다고 생각합니다.

그래서 절별로 '고백'이라는 이름을 붙였습니다.

시편 23편에서 발견할 수 있는 기본적인 여섯 가지 영성을 통하여 나의 믿음을 고백하오니, 이 글을 읽는 모든 분들이 관계의 영성(1절), 안식의 영성(2절), 영광의 영성(3절), 임재의 영성(4절), 풍부의 영성(5절), 선포의 영성(6절)을 얻게 하소서. 독자들이 여섯 가지 영성을 추구하며 믿음을 고백하면, 그 어떤 환난이 닥쳐와도 능히 이겨 낼 힘을 얻게 될 줄 믿습니다. 인생에 의지할 분을 찾는 이들, 군에 입대한 형제들, 병상에서 투병하는 이들, 수술실에 들어가는 이들, 사고를 당하여 초조하고 불안한 이들, 요양원에서 남은 생을 보내는 이들, 말기 암으로 호스피스 병동에 있는 이들, 임종의 순간을 맞이하는 이들이 인자하신 목자의 손을 붙들게 하소서. 양의 고백을 통해 목자님에게 모든 짐을 온전히 맡기고 소망 가운데 안식을 얻게 하소서.

말씀을 전하는 형식을 취하였지만, 독자들이 한 절씩 묵상하면서 삶에 적용할 수 있기를 바랍니다. 시간을 들여 단어 하나, 문장 하나를 곱씹으면서 그 안에 담겨 있는 영감과 감동과 지혜와 믿음과 평안을 생명의 샘물처럼 끊임없이 길어 내길 바랍니다. 말씀이 육화되어 우리 삶에 살아 움직이는 것을 경험하십시오. 보고 읽고 듣고 알고 깨닫고 믿고 고백한 대로 살아 낼 힘을 얻게 될 것입니다.

다윗의 목자였던 것처럼 나의 목자가 되신 주님, 이 책을 읽으며 묵상하는 이들의 목자가 되어 주시길 원합니다. 하나님이 나의 목자이시니 나는 아무 부족한 것이 없습니다. 하나님이 영원히 나의 목자가 되어 주셔서 감사합니다. 이 글을 읽는 모든 분들의 잔이 넘치게 하소서.

중앙성결교회 목사 서재에서

한기채

1장

헝클어진 관계의 고백

나는 당신의
양입니다

여호와는 나의 목자시니
내게 부족함이 없으리로다

시편 23:1

신뢰의 고백, 시편 23편

합리주의 시대를 열었던 철학자, 임마누엘 칸트(Immanuel Kant)는 "내가 지금까지 읽었던 모든 책 중에서 시편 23편 만큼 나에게 위로를 준 책은 없다"라고 말했습니다. 또 설교의 황태자라 불리는 찰스 스펄전(Charles H. Spurgeon) 목사는 시편 23편을 가리켜 '시편의 진주'라고 말했습니다. 저도 한 마디 보탠다면, 시편 23편은 150장으로 이루어진 시편 전체의 요약이라고 봅니다. 그만큼 강렬하고 귀중한 말씀입니다. 실제로 시편 23편은 기독교인들이 가장 사랑하는 시편이며, 오늘날도 병들고, 고난당하는 이들에게 큰 위로가 되는 말씀입니다.

성경은 하나님과 우리 인간의 관계를 부자 관계, 부부 관계, 왕과 백성 관계, 토기장이와 진흙 관계 등으로 묘사하는데, 시편 23편은 하나님과 우리의 관계를 특별히 '목자와 양'으로 노래합니다. 선지자 에스겔도 이와 비슷한 고백을 했습니다.

내 양 곧 내 초장의 양 너희는 사람이요 나는 너희 하나님이라 주 여호와의 말씀이니라(겔 34:31).

시편 23편의 저자인 다윗은 하나님의 백성을 통치하는 이스라엘의 왕이지만, 어린 시절엔 그의 아버지 이새의 양을 치는 목자였습니다. 그래서 다윗은 누구보다 목자와 양의 관계에 대해 잘 알았을 것입니다.

다윗이 언제 이 시편을 썼을까요? 아마도 노년의 시기가 아니었을까 합니다. 자신의 삶을 인도하고 보호하신 하나님의 은혜에 감사하며, 자신의 여생을 하나님께 온전히 맡기는 의미로 이 시를 지었을 것입니다.

다윗의 인생은 파란만장했습니다. 이새의 여덟 번째 아들로 태어난 다윗은 어려서부터 양치기 일을 했습니다. 하나님의 은혜로 사무엘 선지자에 의해 왕으로 기름 부음을 받은 뒤, 블레셋의 골리앗과의 싸움에서 극적으로 승리하였으며 사울 왕의 사위가 되고, 왕자 요나단과 친구가 되기도 했습니다. 사울 왕에게서 신임을 얻고 승승장구할 줄 알았지만 이내 왕의 시기와 질투로 도망자 신세가 되었고, 가드에서 망명 생활을 해야 할 정도로 비참한 상황에 이르렀습니다. 그러나 결국 사울 왕이 죽고 난 후에 남북으로 갈라져 싸우던 이스라엘을 통일하여 통일왕국을 이루었으며, 예루살렘을 정복하여 수도로 세웠고, 하나님의 법궤를 되찾아 왔습니다. 주변 이방 민족을 제압해 국력을 증진시켰습니다.

하지만 밧세바와의 간음이라는 큰 죄를 범하여 많은 환난을 겪게 됩니다. 자식들 간에 칼부림이 일어났고,

반역하는 아들 압살롬을 피하여 피난을 가야 했습니다. 이처럼 다윗은 많은 영광과 기쁨을 누렸지만, 외적인 위기와 내적인 위기로 인해 수없는 고난과 수치도 겪는 파란만장한 인생을 살았습니다.

시편 23편은 그가 하나님과 함께 영욕의 세월을 모두 통과한 뒤에 쓰였습니다. "사망의 음침한 골짜기", "해", "원수" 등의 함축된 표현에는 다윗이 경험한 많은 고난과 역경이 오롯이 담겨 있습니다. 그러나 두려움은 찾아볼 수 없습니다. 하나님의 도우심과 은혜로 갖은 역경을 이겨 낸 경험이 있는 데다가 앞으로의 승리 또한 확신했기 때문입니다. 시편 23편은 어떠한 상황에도 하나님을 향한 신뢰를 고백하는 시입니다. 그래서 시편 23편을 '신뢰의 시편'이라 일컫기도 합니다. 우리가 경험하는 건강의 문제, 인간관계의 위기, 재정의 어려움 등 많은 고난과 역경에도 불구하고, 하나님을 신뢰하고 치유와 회복을 확신하며 소망 가운데 살아가야 함을 가르쳐 주는 귀한 말씀입니다.

다윗은 하나님은 목자요 자신은 그의 양임을 명확하게 규정합니다.

여호와는 나의 목자시니 내게 부족함이 없으리로다(1절).

아프리카 선교사의 아들로 태어나 8년 동안 목자로 살았던 필립 켈러(W. Phillip Keller)는 자신의 책, 《양과 목자》에서 양에 관해 이렇게 말했습니다. 양은 방향 감각이 없고, 느리며 겁이 많은 어리석은 동물이라고 말입니다. 스스로 방어할 만한 날카로운 이빨이나 발톱이 없어 위험에 처해도 맞서 싸우지 못하는 무력한 존재이기도 합니다. 게다가 혼자서는 먹이를 찾지 못하기에 홀로 남겨지면 그 자리의 풀을 뿌리까지 뜯어 먹어 땅을 황폐하게 하고, 갈증이 나도 혼자서는 물가에 가지 못할 만큼 겁이 많아서 목말라 죽곤 합니다. 비위생적이어서 기생충에 쉽게 감염되고, 지독한 근시에 예민하기까지 합니다. 심지어 소심한데 고집은 셉니다.

요약하자면, 양은 두려움과 소심함, 완고함과 어리석음을 대표하는 동물이라 할 수 있습니다. 이런 이유로 다른 가축보다 더 세심한 주의와 보살핌이 끊임없이 요구됩니다. 그런데 성경은 200번 이상 하나님의 백성, 즉 믿는 자들을 양에 비유하고 있습니다. 우리는 양이요 하나님은 우리의 목자이십니다.

"여호와"는 '스스로 있는 자', 곧 자존자(自存者)이십니다. 하나님은 창조자요 전능자요 초월자요 구원자요 치료자이며 공급자요 승리자요 능력자이십니다. 고대 유대 문화에서 목자는 천한 직업이었기에 위대하신 하나님을 목자로 비유하는 것은 적절치 않아 보입니다. 그럼에도 하나님을 목자로 묘사한 것은 양을 대하는 목자의 태도와 사랑 때문입니다.

나는 선한 목자라 선한 목자는 양들을 위하여 목숨을 버리거니와(요 10:11).

나는 선한 목자라 나는 내 양을 알고 양도 나를 아는 것이 아버지께서 나를 아시고 내가 아버지를 아는 것 같으니 나는 양을 위하여 목숨을 버리노라(요 10:14-15).

우리를 위해 목숨을 버리기까지 사랑하시는 하나님은 우리 목자이십니다.

양이 목자를 위하는 것이 아니라 목자가 양을 위합니다. 양은 목자에 절대적으로 의존하므로 목자 없이는 살아갈 수 없습니다. 세상에서 제일 불쌍한 양은 목자 없는 양입니다.

목자들은 어리석어 여호와를 찾지 아니하므로 형통하지 못하며 그 모든 양 떼는 흩어졌도다(렘 10:21).

양은 자기 양을 사랑하고 목숨을 바쳐 지켜 주는 목자를 신뢰함으로써 생명을 부지할 수 있습니다. 어떤 목자를 만나느냐에 따라 양의 운명이 달라집니다.

헌신적인 선한 목자와 함께라면 평화롭고 행복하게 살 수 있지만, 악한 목자, 삯꾼 목자, 거짓 목자 아래서는 굶주리고 서로 싸우고 끝없는 시련을 겪다 죽게 됩니다.

> 삯꾼은 목자가 아니요 양도 제 양이 아니라 이리가 오는 것을 보면 양을 버리고 달아나나니 이리가 양을 물어 가고 헤치느니라(요 10:12).

삯꾼 목자로 인해 양들은 쇠약해지고, 질병이나 기생충으로 만신창이가 되어 갑니다. 양들은 "제발 이 악한 주인에게서 해방되었으면!" 하고 바랄 것입니다.

당신의 목자는 누구입니까? 자기 자신입니까, 부모입니까, 배우자입니까? 제가 만약 양이라면 저는 하나님을 목자로 모실 겁니다. 그 외에는 살길이 없기 때문입니다.

우리를 위해 목숨을 버리기까지
사랑하시는 하나님은
우리의 목자이십니다.

다윗은 여호와 하나님을 "나의 목자"(1절)로 선언합니다. "나" 혹은 "내"라는 단어가 무려 열네 번이나 나옵니다. 이는 하나님과 나의 관계가 일대일 관계이며, 매우 친밀한 관계임을 강조하는 것입니다. 그는 여호와를 "세상의 목자" 또는 "많은 사람의 목자"로 표현하지 않았습니다. 구약 성경에서 여호와 하나님은 이스라엘 민족의 목자로 여겨지곤 했는데, 다윗은 집단적인 관계를 개별적인 관계로 바꾸었습니다. 많은 양 떼가 있어도 여호와는 바로 나의 목자시라는 것입니다. 이것이 어떻게 가능합니까? 여호와시니 가능합니다. 여호와는 "나"의 목자이시기 때문에, 나를 돌보시고, 나를 먹이시고, 나를 인도하시고, 나를 지키십니다. 나를 위하시는 목자입니다.

인생의 성패는 소유가 아닌 관계에 달려 있습니다. 관계가 어그러지면 모든 것이 무너지고, 삶의 기쁨이 사라집니다. 관계가 깨어지면, 결혼 생활은 파국을 맞고, 자녀에게 아픔을 주게 되고, 친구와 동료들과 멀어지고, 교회는 분열되고, 더 나아가 몸의 건강과 마음의 평안을 잃게 됩니다. 인생의 모든 위기는 사실상 관계의 위기입니다. 따라서 관계의 기술을 배워야 합니다. 상하고 일그러진 관계를 치유하고 회복시켜야 합니다. 오늘날 기업의 마케팅 전략도 제품으로 승부하는 것이 아니라 고객과의 관계로 승부하는 '관계 우선의 법칙'을 따릅니다.

예수 그리스도는 하나님과 우리 사이의 관계를 회복하기 위해 이 땅에 오셨습니다. 세상에서 모든 관계가 끊어졌을 때, 친구와 가족들까지 나를 떠나갈 때도 나의 목자가 되시는 하나님을 의지해야 합니다.

뛰어난 시인이자 세인트 폴 대성당의 수석 사제였던 존 던(John Donne)은 런던에 페스트가 유행하던 시기에 〈비상시의 기도문〉(1623)이란 제목의 시를 썼습니다.

인간은 아무도 섬이 아니다.

누구를 위해 종이 울리는지 알려고 하지 말라.

종은 그대를 위해 울리는 것이다.

이 시에서 영감을 받은 헤밍웨이가 자신의 장편 소설의 제목을 《누구를 위하여 종은 울리나》로 지었다는 사실은 널리 알려져 있습니다.

페스트로 한 달 동안 병상에 누워 있던 존 던은 다른 사람의 죽음을 알리는 교회 종소리를 들으며, 그것이 자신의 죽음을 알리는 종소리가 될 수 있다고 생각했습니다.

"고통 때문에 힘들 때 제가 당신을 바라보게 하시고, 저 혼자서는 아무것도 아님을 고통이 드러낼 때, 하나님이 제 전부이심도 깨닫게 하소서. 주님은 죽이기도 하시고 살리기도 하십니다. 무엇이 찾아오던 주님에게서 옵니다. 무슨 일이 다가와도 제가 주께로 가게 하소서."

그토록 절망적인 상황에서도 그는 하나님을 바라보며 하나님이 자신의 전부임을 고백했습니다. 우리는 혼자서는 아무것도 할 수 없으며, 우리를 죽이기도 하시고 살리기도 하시는 하나님을 온전히 의지해야 함을 이시는 가르쳐 주고 있습니다.

인간의 자기 정체성은 하나님과의 관계에서 분명히 확립됩니다. 어린 시절 블레셋 장군 골리앗과 마주했던 다윗은 자신이 여호와의 것이며 자신의 목자는 여호와임을 고백했습니다. 나의 능력이나 소유 또는 사람들의 인식이나 평가를 기준 삼아 자신을 이해한 것이 아니라 하나님과의 관계에서 자신이 누구인지를 확인한 것입니다. 하나님과의 관계 안에서 자신의 정체성을 확립했던 다윗은 형들과 사람들의 만류에도 불구하고, 골리앗 앞에 당당히 나아갈 수 있었으며 결국 싸움에서 승리하였습니다.

건강한 자화상은 하나님과의 깊은 관계 속에서 확립됩니다. 나와 목자의 관계는 3인칭의 하나님(1, 2, 6절)에서 2인칭의 하나님(3~5절)으로 발전해야 합니다. 하나님의 이름을 부르며 기도하면 하나님과의 관계가 3인칭에서 2인칭으로 친밀해질 것입니다. 이것이 기도하는 사람이 누리는 특권입니다. 초월자, 창조자, 전능자, 구원자, 능력자이신 하나님이 나의 목자가 되신다면 내 인생에 어떤 일이 일어나겠습니까?

그는 목자같이 양 떼를 먹이시며 어린 양을 그 팔로 모아 품에 안으시며 젖먹이는 암컷들을 온순히 인도하시리로다(사 40:11).

선한 목자를 만난 양의 생애가 그렇듯이 선한 목자이신 하나님과 함께라면 우리는 안전하며 평안하고, 만족하며 승리하는 삶을 살 수 있습니다.

나의 목자이신 여호와 하나님의 성품과 능력을 알 필요가 있습니다. 선한 목자란 자기 양 떼를 돌보고 모든 필요를 공급해 주는 목자일 것입니다. 양 혼자서는 부족한 것이 너무도 많아서 하나씩 채워서는 언제까지라도 채울 수 없을 것입니다. 그러나 선한 목자만 있으면 모든 부족함이 일시에 해결됩니다.

다윗은 하나님이 우리 목자이시므로 "내게 부족함이 없다"라고 고백합니다. 나의 모든 필요와 부족함을 여호와께서 채워 주시기 때문입니다. 이 구절의 히브리어 원어는 '로 하세르'(לֹא אֶחְסָר)인데, 미완료형 시제를 사용함으로써 지속성, 즉 부족함이 없는 풍족한 상태가 계속됨을 의미합니다. 이 표현을 통해 다윗은 과거에 관한 감사, 현재의 만족, 그리고 미래를 향한 기대와 소망을 표현합니다. 한마디로 목자 되신 여호와 하나님을 향한 절대적인 신뢰를 표현한 것입니다. "그동안 아무런 부족함이 없었으며, 지금도 없고, 앞으로도 없을 것이다"

라는 뜻입니다. 무엇의 부족함이 없는지 그 내용이 생략되어 있는 것은 모든 것에 부족함이 없다는 의미입니다. 물질, 건강, 지혜, 명예, 능력, 권력, 영력 등 모든 부분에서 "나는 부족한 것이 없다"라고 말할 수 있는 이가 진정 행복한 사람입니다.

이러한 믿음의 고백은 다음과 같은 마음가짐을 갖게 합니다.

"나는 불안해하지 않겠습니다. 나는 의심하지 않겠습니다. 나는 요동하지 않겠습니다. 나의 목자, 나의 하나님이 모든 필요를 채우실 것이기 때문입니다."

인간은 욕심 때문에 만족에 이르기 어렵습니다. 만족하지 못하고 '조금만 더'를 쉽게 외칩니다. 내 소유나 세상의 평판이 나의 목자라면 항상 부족함에 시달릴 것입니다. 그러나 하나님을 목자로 모시는 진짜 신앙인이라면 다윗처럼 고백할 수 있습니다.

"여호와는 나의 목자"라는 말과 "내게 부족함이 없다"라는 고백은 분리될 수 없습니다. 양이 목자를 신뢰하고 따를 때, 목자는 양의 육체적, 정서적, 영적 필요를 모두 채워 줍니다. 목자이신 하나님이 우리 필요를 채우시는 것을 믿어야 합니다.

주님을 나의 목자로 삼으십시오. 하나님을 내 삶의 주인으로 받아들이고, 그분의 주권을 인정하십시오. 그러면 풍성하고 만족한 삶을 누리게 될 것입니다. 완전하신 하나님이 나의 목자가 되시면 내게 부족함이 있을 수 없습니다. 물론, 살다 보면 현실적인 결핍과 고난을 경험하게 될 것입니다. 그러나 물질의 결핍, 인간관계의 어려움, 건강의 위기 등 현실 문제들이 오히려 우리로 하여금 하나님을 향하게 합니다. 이때가 바로 하나님을 나의 목자로 만날 때입니다. 목마르고 배고픈 양이, 들짐승의 습격을 받은 양이 고개를 돌려 목자를 바라보고 의지하듯이 인생의 고난과 결핍을 경험할 때마다 나의 목자이신 하나님을 바라보고 의지하십시오. 우리는 우리 삶을 이끌어 주시고, 우리 필요를 공급해 주시고, 위험과 어려움에 부딪혔을 때 우리를 보호해 주시고, 중요한 선택의 순간에 어떤 결정을 내려야 할지 알려 주실 하나님, 우리를 인생의 목적지까지 안전하게 데려다주실 목자 하나님을 의지해야 합니다. 목자는 양의 길이자 생명이기 때문입니다.

그러면 어떻게 해야 목자이신 주님의 양으로 살아갈 수 있을까요? 목자들은 자기 양의 귀에 상처를 내거나 몸에 색을 칠함으로써 소유권을 표시했습니다. 외적으로 드러나는 신앙생활의 표식도 중요하지만, 먼저 마음과 심령에 주님의 표식이 새겨져야 합니다.

첫째, 마음으로 주님이 내 목자이심을 인정하십시오. 다시 말해, 내 삶의 주인이 다른 어떤 존재도 아닌, 하나님이심을 인정하고 고백해야 합니다. 즉 나의 미래, 인생 계획, 일과 업무의 성패, 재산과 소유, 건강 등 삶의 모든 영역을 하나님께 맡겨야 합니다. 둘째, 양이 목자의 음성을 듣고 따르듯, 나도 하나님의 음성에 귀 기울이고 그 뜻을 따르겠다고 다짐해야 합니다. 어떤 인생 길이든 주님의 인도하심을 따라 순종하며 나아가겠다는 결단이 필요합니다. 이런 결단과 다짐이 있을 때, 하나님은 나의 목자가 되시며 나의 필요를 부족함 없이 채워 주실 것입니다.

우리의 목자장 되시는 하나님,

창조주요 전능자요 전지자요 섭리자이신 하나님이 나의
목자가 되어 주셨습니다. 세상에서 버림받고 방황하던 양
을 찾아오셔서 선한 목자가 되어 주셨습니다.

주님은 저의 모든 필요에 해답이 되십니다. 주님의 보살핌
을 받는 저는 세상에서 가장 복되고 행복한 양입니다.

나의 목자는 나의 약함을 강함으로, 고집을 겸손으로, 두
려움을 평안으로, 빈곤함을 부요함으로 바꿔 주셨습니다.
그 은혜 감사합니다. 양을 위해서라면 자기 목숨도 내놓는
목자이시니 양에게 무엇을 아끼시겠습니까?

젊은 사자는 궁핍하여 주릴지라도, 저는 모든 좋은 것에
부족함이 없을 것입니다. 목자가 보시기에 가장 좋은 것
을, 가장 적합한 시간에 가장 알맞은 분량으로 공급해 주
실 줄 믿습니다. 저는 지금부터 영원토록 목자의 음성만을
듣고 순종하며 따르는 양이 되겠습니다. 인생의 슬픔과 기
쁨, 일의 성공과 실패에 흔들리지 않고, 오직 목자와 양이
라는 관계의 끈을 놓치지 않겠습니다.

예수님의 이름으로 기도합니다. 아멘.

나의 고백

우리의 목자장 되시는 하나님,

2장

헝클어진 안식의 고백

목자의 품에서
잠들고 싶습니다

그가 나를 푸른 풀밭에 누이시며
쉴 만한 물가로 인도하시는도다

시편 23:2

결코 눕지 않는 현대인들

이것은 무엇일까요? 미국에서는 7천만 명 이상이 이것 때문에 고통당하며, 매년 3만 8천 명 정도가 이로 인해 목숨을 잃는다고 합니다. 이것 때문에 매년 93조 원 정도의 생산성 비용이 낭비되고 있습니다. 10대 청소년들 역시 이것 때문에 고통받고 있는데, 청소년의 64%가 학업 부진의 요인으로 이것을 꼽습니다. 갈수록 문제가 심각해져서, 전문가들에 따르면 최악의 증상은 30~40대에 나타난다고 합니다. 노인들도 예외가 아닙니다. 65세 이상 노인 인구의 50%, 즉 절반 정도가 이것으로 인해 건강의 어려움을 겪고 있습니다. 이 문제를 해결하기 위해 의사와의 상담, 호르몬 요법, 약물 치료, 허브 차 등 식이요법, 명상 치료 등 온갖 방법을 동원하고 있는 현실입니다.

과연 이것은 무엇일까요? 스트레스? 약물 남용? 사회적 문제? 가정폭력? 아닙니다. 정답은 바로 '불면증'입니다. 오늘날 세상은 잠들지 못하는 병을 앓고 있습니다. 실제로 우리 주변에도 불면증으로 인해 고통받는 이들이 많습니다. 수면 클리닉의 도움을 받는 분도 있고, 기절 베개 등 수면 관련 상품들이 인기를 끌고 있습니다. 유명인들이 잠을 이루지 못해 프로포폴이라는 전신마취제를 반복 투여받음으로써 중독되어 사회 문제가 되기도 합니다.

학창 시절에는 입시 공부를 하며 어떻게든 깨어 있으려 노력하며 쏟아지는 잠을 쫓느라 애썼는데, 언제인가부터 잠자리에 누워도 쉽게 잠들지 못합니다. 자려고 하면 할수록 의식이 더욱 또렷해지고, 여러 생각이 머

릿속을 복잡하게 만듭니다. 스마트 시계로 측정해 보면 잠자고 있는 듯 보이지만 뇌파는 깨어 있는 렘수면, 즉 얕은 수면이 대부분이고, 숙면을 취하는 시간은 얼마 되지 않습니다. 그러니 피곤이 풀리지 않고, 쌓이기만 합니다. 학교와 일터에서 공부나 일의 효율이 떨어질 뿐만 아니라 졸음운전으로 자신뿐 아니라 다른 사람의 안전까지 위협하게 되곤 합니다. 미국에서 하루에 팔려 나가는 수면제와 신경 안정제가 30톤가량이나 된다고 합니다. 오늘날 한국의 상황도 크게 다르지 않을 것입니다. 온 인류가 잠 못 이루는 시대입니다.

인간과 달리 동물들은 상대적으로 잠을 잘 잡니다. 대표적인 반려동물인 개나 고양이가 곤하게 자는 모습을 보면 부러울 때도 있습니다. 소, 돼지, 닭 같은 가축이 불면증에 시달린다는 이야기를 들어 본 적이 없습니다. 곰이나 다람쥐 같은 항온 동물은 먹이가 부족하고 기온이 낮은 겨울에는 몰아서 겨울잠을 잡니다.

유독 잠을 못 자는 동물이 하나 있는데, 바로 양입니

다. 양은 잠드는 데 어려움이 많아서, 수면 시간이 턱없이 부족하다고 합니다. 알려진 바로는 양들은 잘 때도 대체로 눕지 못한 채 서서 자는 경우가 많으며, 숙면을 취하지 못하고 자주 깬다고 합니다. 양에게 최고의 복은 편안하게 누워 자는 것입니다. 그러나 양은 대부분 편히 누워 자지 못합니다. 불안 때문입니다.

나를 누이는 목자 하나님

그 누구도 양을 억지로 눕힐 수 없습니다. 필립 켈러는 《양과 목자》에서 양들은 다음 네 가지 조건이 충족되지 않으면 절대 눕지 않는다고 말합니다.

첫째, 두려움에서 완전히 벗어나 안전하다는 확신이 들어야 합니다. 그렇지 않으면 눕지 않습니다. 양들은 겁이 많기 때문입니다. 오늘날 인류가 불안증과 우울증에 시달리며 잠 못 이루는 모습과 비슷합니다.

둘째, 양은 무리를 이루어 살아가는 군집 생활 동물

이기에 서로 간에 불화와 다툼이 있으면 편히 눕지 못합니다. 서로 들이받으며 싸우는 모습을 볼 수 있습니다. 양은 겁이 많아서 늑대 같은 천적을 들이받는 일은 거의 없습니다. 다만 무리 사이에서 자기 힘을 과시하거나 서열을 정하기 위해 싸울 때가 있을 뿐입니다. 힘을 합해도 부족한 마당에 악하고 어리석은 모습이 아닐 수 없습니다. 싸우고 다투는 양들의 모습은 과도한 경쟁으로 쉴 틈이 없는 우리 모습과 비슷합니다.

너희가 옆구리와 어깨로 밀어뜨리고 모든 병든 자를 뿔로 받아 무리를 밖으로 흩어지게 하는도다(겔 34:21).

너희가 좋은 꼴을 먹는 것을 작은 일로 여기느냐 어찌하여 남은 꼴을 발로 밟았느냐 너희가 맑은 물을 마시는 것을 작은 일로 여기느냐 어찌하여 남의 물을 발로 더럽혔느냐(겔 34:18).

셋째, 몸에 해충이 없어야 합니다. 양은 말파리, 쇠파리, 진드기, 기생충 등으로 인해 일어서 발을 구르고 머리를 흔들며 괴로워하다 덤불로 뛰어들기도 합니다. 마찬가지로 우리도 귀찮은 벌레 같은 일상의 문제와 스트레스로 인해 잠들지 못할 때가 있습니다. 괴로운 일을 해결하지 못하면, 우리 침상은 편안한 쉼의 자리가 아니라 괴로움에 몸부림치는 자리가 되어 버립니다.

마지막 넷째, 양은 꼴을 배불리 먹어 배고픔에서 벗어나 포만감이 느껴져야 누워 잠들 수 있습니다. 우리 인간도 마찬가지입니다. 배가 부르듯 육적, 심적 만족감을 느낄 때 비로소 편히 잠들 수 있습니다.

이처럼 누워 쉬기 위해서는 먼저 두려움, 불화, 괴로움, 배고픔에서 해방되어야 합니다. 이 네 가지 조건을 거친 광야에서 모두 충족시킨다는 것은 여간 어려운 일이 아닙니다. 그래서 대체로 양들은 누워 잠들지 못하고 선 채로 쪽잠을 잡니다. 양을 편안히 눕히고, 참된 쉼을 주는 이는 오직 목자뿐입니다.

편히 누울 수 있고,
푹 잠들 수 있는 것 자체가
하나님의 축복입니다.
목자이신 하나님은
우리가 편히 누울 수 있도록
우리를 보호하고 돌보시는 분입니다.

내가 친히 내 양의 목자가 되어 그것들을 누워 있게 할지라 주 여호와의 말씀이니라(겔 34:15).

우리도 마찬가지입니다. 삶의 두려움, 갈등과 불화, 괴로운 일, 생활의 결핍 등 문제들이 해결되지 않으면 온전한 쉼도 진정한 평안도 누릴 수 없습니다. 하나님은 사랑하는 자에게 잠을 주십니다.

여호와께서 그의 사랑하시는 자에게는 잠을 주시는 도다(시 127:2b).

현대인들에게 달콤한 잠은 더 이상 당연한 것이 아닙니다. 편히 누울 수 있고, 푹 잠들 수 있는 것 자체가 하나님의 축복입니다. 목자이신 하나님은 우리가 편히 누울 수 있도록 우리를 보호하고 돌보시는 분입니다.

일반적으로 목자 한 사람이 한 마리의 양을 돌보는 일은 없습니다. 목자는 많은 무리를 방목하는 방식으로 양을 칩니다. 그런데 2절 말씀은 하나의 개체에 초점을 맞추고 있습니다. 개인의 영적 여정과 삶을 다루고 있기 때문입니다. "그가 나를", 즉 하나님이 나를 누이고 인도하신다고 다윗은 고백합니다.

다윗의 고백이 우리 고백이 된다면, 이제는 눕거나 걷는 인생의 모든 일의 주체가 내가 아닌 하나님이 되는 것입니다. 여호와 하나님이 나의 목자가 되시면, 지금까지는 나의 일이요 짐이었던 것들이 하나님의 일이 되고 짐이 되는 변화가 일어납니다. 목자 하나님이 나의 누울 곳을 마련해 주시고, 평안히 쉴 곳으로 나를 인도해 주십니다. 이것이 주님 안에서 누리는 안식입니다. 내가 주님의 양이 되고 주님이 나의 목자가 되실 때, 비로소 나는 참된 안식을 얻을 수 있습니다.

수고하고 무거운 짐 진 자들아 다 내게로 오라 내가 너희를 쉬게 하리라(마 11:28).

시편 23편의 배경이 되는 광야는 씨앗을 뿌릴 수 없는 황폐한 땅입니다. 농사를 지으며 정착하기 어려운 곳이며 야생동물이 출몰하여 사람이 살기 어려운 위험한 장소입니다. 그나마 겨우 할 수 있는 일은 양을 치는 목축이었을 겁니다. 광야의 삶은 한곳에 정착하지 못하고, 목초지를 찾아 끊임없이 이동하는 여정입니다. 방향 감각이 없어 길을 찾지 못하는 양들은 목자의 도움 없이는 광야에서 살아남을 수 없습니다.

광야와 같은 인생 여정에서 목자이신 하나님의 도움이 없으면 우리는 살아갈 수 없습니다. 그래서 어거스틴(Augustine)은 "하나님, 내가 당신 안에 있을 때까지 내 마음에 안식이 없었나이다"라고 고백했는지 모릅니다. 예수님도 이렇게 말씀하셨습니다.

나는 생명의 떡이니 내게 오는 자는 결코 주리지 아니할 터이요 나를 믿는 자는 영원히 목마르지 아니하리라(요 6:35).

우리의 영적 갈망을 채워 줄 길로 인도하시는 분, 그가 바로 목자이신 하나님입니다.

하나님이 이스라엘 백성에게 주신 십계명 가운데 가장 많은 분량을 할애하여 설명하는 계명이 바로 제4계명, '안식에 관한 계명'입니다.

안식일을 기억하여 거룩하게 지키라 엿새 동안은 힘써 네 모든 일을 행할 것이나 일곱째 날은 네 하나님 여호와의 안식일인즉 너나 네 아들이나 네 딸이나 네 남종이나 네 여종이나 네 가축이나 네 문안에 머무는 객이라도 아무 일도 하지 말라 이는 엿새 동안에 나 여호와가 하늘과 땅과 바다와 그 가운데 모든 것을 만들고 일곱째 날에 쉬었음이라 그러므로 나 여호와가 안식일을 복되게 하여 그날을 거룩하게 하였느니라(출 20:8-11).

이처럼 긴 문장으로 강조해야 할 만큼 안식은 우리에게 중요한 덕목입니다. 단순한 명령이 아니라 시행 사항과 근거가 자세히 언급되어 있습니다. 마치 안식하라는 말을 듣고 나는 안식하되 자녀나 일꾼이나 심지어 짐승에게 대신 일을 시킬 것까지 우려하신 듯 말씀하고 있습니다.

오늘날 우리는 일에 중독되어 살아가고 있습니다. 일하지 않으면 불안감을 느낀다거나 빈 시간을 견디지 못한다면 일중독을 의심해 봐야 합니다. 심지어 휴가를 내서 여행을 가도 새벽부터 밤까지 일정을 빈틈없이 잡아야 안심하는 사람도 있습니다. 이것은 휴가가 아닙니다. 어쩌면 현대인들에겐 안식은 사치스럽고 어려운 과제와 같은지도 모릅니다. 내가 안식하면, 누가 내 대신 일하며 누가 내 삶과 우리 가족을 책임질지 걱정합니다.

그래서 안식하려면 믿음이 필요합니다. 이것은 안식의 목적이기도 합니다. 하나님이 공급하신다는 것입니다. 하나님은 창조 사역을 마치신 그날에 안식하셨고, 안식하신 일곱째 날을 복되고 거룩하게 하셨습니다.

하나님이 그 일곱째 날을 복되게 하사 거룩하게 하셨으니 이는 하나님이 그 창조하시며 만드시던 모든 일을 마치시고 그날에 안식하셨음이니라(창 2:3).

온전한 안식일은 휴복성(休福聖)입니다. 단순히 쉬는 것만이 아닙니다. 그날에 하나님이 주시는 복을 받고, 하나님 안에서 거룩해지는 것입니다. 성화하는 것입니다. 안식일을 가장 중요하게 여기는 유대인들은 하나님이 안식하기 위해 천지를 창조하셨다고 해석하기도 합니다. 그러나 더 중요한 것은 창조주 하나님이 안식하셨음에도 천지 만물이 무너지지 않았다는 사실입니다.

이스라엘 백성은 광야에서 안식의 축복과 약속을 직

접 체험했습니다. 먹을 것이 없어 주린 백성에게 하나님이 만나를 내려 주셨는데, 일주일 중 여섯째 되는 날에는 이틀 먹을 분량을 주시되 일곱째에는 만나를 내려 주지 않으셨습니다. 그 덕분에 이스라엘 백성은 안식일에 장막 밖으로 나와 만나를 모을 필요가 없었습니다. 온전한 쉼과 거룩한 안식을 실습하게 하신 것입니다. 그런데도 인간이 참된 쉼을 누리지 못하니 안식일 계명까지 주셨습니다. 지키는 안식일을 히브리어로 '샤밧'(שבת)이라 하고, 누리는 안식은 '샬롬'(שלום)이라 합니다. "샤밧, 샬롬!" 우리는 하나님이 축복의 선물로 주신 안식일을 지키고 누려야 합니다.

인간은 의무감(율법주의)과 과잉 의욕(분주함) 때문에 죽어 갑니다. 탈진과 만성 피로는 현대인의 친구처럼 느껴질 정도입니다. 한국 성결교회 설립과 신학에 큰 영향을 미친 찰스 카우만(Charles E. Cowman)의 아내이자 선교사였던 레티 카우만(Lettie B. Cowman)은 우리의 조급증을 경고하면서 "영혼이 몸을 따라오는 것을 기다리는 시간을 주어야 한다"라고 말했습니다. 그러지 않으면 영혼과 몸이 영영 멀어져 결국 영혼 없는 몸이 된다는 것입니다.

바쁨이 성공의 배지처럼 되어 버린 오늘날에는 안식을 누리는 '슬로우 영성'이 필요합니다. 안식은 자기중심의 삶에서 벗어나 그리스도 중심의 삶으로 나아가는 것입니다. 요즘 현대인들이 가장 두려워하는 것은 호랑이도 귀신도 아닌 배터리 방전이라는 우스갯소리가 있습니다. 휴대폰을 편리하게 잘 사용하려면 충전 시간이 필요한 것처럼, 열심히 일하기 위해서는 안식하는 시간이 있어야 합니다.

그가 나를 푸른 풀밭에 누이시며 쉴 만한 물가로 인도하시는도다(시 23:2).

여기서 "푸른 풀밭"과 "쉴 만한 물가"를 읽으며 뉴질랜드의 아름다운 목초지를 떠올리면 안 됩니다. 뉴질랜드 목초지와 이스라엘의 광야는 전혀 다른 곳입니다.

이스라엘 광야는 황폐하고 척박한 곳입니다. 우기인 11월에서 2월까지만 푸른 풀을 볼 수 있고, 나머지 9개월은 온통 갈색의 마른 풀만 존재하는 곳입니다. 이스라엘 광야의 "푸른 풀밭"이란 자연적으로 생겨나는 곳이 아닙니다. 목자가 오랫동안 수고하고 노력하여 가꾸는 곳입니다. 거친 자갈밭을 일구고 가시넝불과 나무의 등걸과 뿌리를 제거하고, 먹일 꼴을 가꾼 결과입니다. 아마도 양들이 자는 동안에 목자는 양들을 편히 누일 만한 알맞은 장소를 찾아 풀밭을 조성했을 것입니다. 목자가 양들보다 앞서 물을 찾고, 물길을 막아 양들이 마실 수 있도록 준비했을 것입니다. 선한 목자는 양이 쉴 때도 쉬지 않습니다. 양이 잠들었을 때, 오히려 깨어 분주히 일합니다. 양이 먹을 꼴과 마실 물을 얻기 위해 홀로 발걸음을 옮겼을 것입니다. 이것이 험한 광야에서 목자가 양을 사랑하는 방법입니다.

내가 편안히 쉬고, 걱정 없이 잠들고, 평안히 먹고 마시는 것은 나의 목자이신 하나님이 나를 위해 일하시는 덕분입니다. 하나님은 나의 몸뿐 아니라 마음과 영혼까지 돌보십니다. 우리의 필요를 공급하시고, 위험으로부터 보호하시며 안전하고 편안한 곳으로 인도하십니다. 3절이 우리의 영적 필요를 채우시는 하나님을 노래한다면, 2절은 우리의 육체적 필요를 채우시는 하나님을 노래하고 있습니다.

양은 근시여서 멀리 보지 못합니다. 코앞에 있는 풀만 겨우 볼 수 있습니다. 눈앞의 가까운 것만 보다 보니 근시가 되었는지, 타고난 근시라서 가까운 것만 볼 수 있는 건지는 모르겠지만, 양에게는 멀리 내다보는 능력이 없습니다. 알고 보면 우리도 양처럼 살아갑니다. 눈앞의 이익을 좇느라 인생길을 잘못 설계할 때가 있고, 다급한 문제들에 매여 삶의 참 의미를 깨닫지 못합니다. 단기적인 안목으로는 인생의 푸른 풀밭과 쉴 만한 물가에 결코 이를 수 없습니다. 그래서 장기적인 안목이 없는 양에겐 목자의 도움이 반드시 필요합니다.

선한 목자는 양을 몰아가거나 끌고 가지 않고, 항상 앞서서 인도하며 양들을 부릅니다. 그는 양들에게 필요한 것이 무엇인지 잘 알고 있습니다. 양은 배불리 먹고 나면 소화를 위해 안정해야 함을 알기에 목자는 천천히 앞서가며 피리를 불거나 목소리를 냅니다. 양들은 자기 목자의 목소리를 구분하고, 그 소리에 반응합니다. 우물이나 샘 주변에서 혹은 울타리 안에서 다른 양들과 섞여 있다가도 떠날 시간이 되어 목자가 양들을 부르면 그 목소리를 듣고 자기 목자를 따라나섭니다. 목자의 소리를 듣고도 따르지 않는 양은 남의 양이거나 병들어 아픈 양이거나 다른 것에 정신이 팔려 있는 양입니다.

어떤 마을에 빚을 갚지 못해 자기 양을 관청에 가압류당한 목자가 있었습니다. 몇 마리 안 되는 양이었지만, 양을 되찾기 위해 목자는 열심히 일해 빚을 갚았습니다. 문제는 수백 마리나 되는 양 가운데서 자기 양들을 찾아 데려가는 일이었습니다. 관료는 아무 양이나 숫자에 맞춰 데려가라고 제안했습니다. 그러나 목자가 목소리로 신호를 주자 수많은 양 가운데 목자의 양들만 뛰어나왔습니다.

나는 선한 목자라 나는 내 양을 알고 양도 나를 아는 것이 아버지께서 나를 아시고 내가 아버지를 아는 것 같으니 나는 양을 위하여 목숨을 버리노라(요 10:14-15).

이처럼 선한 목자이신 하나님이 우리를 인도하시는 수단은 목자의 음성, 즉 말씀입니다. 하나님이 우리 목자가 되신다면, 우리도 하나님의 음성을 듣고 그 음성을 따라 살아가야 합니다.

문지기는 그를 위하여 문을 열고 양은 그의 음성을 듣나니 그가 자기 양의 이름을 각각 불러 인도하여 내느니라(요 10:3).

내 양은 내 음성을 들으며 나는 그들을 알며 그들은
나를 따르느니라(요 10:27).

양은 1m 앞도 잘 못 볼 정도로 시력이 약하지만, 대
신 청력이 강합니다. 그래서 보고 행하기보다는 듣고
행하는 것에 익숙합니다. 목자의 음성을 듣고 따라가기
에 눈이 침침하여 바로 앞에 가는 양의 뒤꽁무니를 따
라갈 수밖에 없으면서도 두려움 없이 평안히 길을 갈
수 있습니다. 보지는 못해도 말씀을 들음으로써 인도
를 받는 것입니다. 앞을 잘 보지 못하는 양은 목자를 완
전하게 믿고 의지해야만 풍성한 생명을 얻을 수 있습니
다. 목자는 양에게 물질적·정신적·영적 돌봄, 즉 총체적
돌봄을 제공하기 때문입니다.

우리는 하나님을 볼 수 없습니다. 또한 하나님이 약
속하신 미래도 알지 못합니다. 그러나 바로 오늘 우리

자리에서 하나님의 음성을 들을 수 있습니다. 들음에서 믿음이 납니다. 보고 아는 것이 아니라 듣고 믿는 것이 신앙생활입니다. 믿음의 조상 아브라함도 갈 바를 알지 못한 상태에서 하나님의 말씀을 듣고 순종하며 나아갔습니다. 성경을 읽고, 기도하고, 예배를 드리며 목자이신 하나님의 음성에 귀를 기울어야 합니다.

안식의 영성을 위한 기도문

진정한 안식을 주시는 하나님 아버지,

광야같이 거칠고 결핍된 이 세상에서 저에게 참된 안식을

주시니 감사합니다.

세상에서 굶주리며 목마름에 방황하며 찾아낸 것에서 안

식을 얻지는 못했습니다. 제가 붙잡은 것들은 도리어 바닷

물을 마신 것처럼 저를 더욱 갈증 나게 만들었습니다.

나의 목자 되신 주님을 모신 후에야 참된 만족과 안식을

얻었습니다. 주님은 제게 육신의 기갈뿐 아니라 영의 기갈

까지도 온전히 해갈해 주셨습니다.

삯군 목자는 도둑질하고 죽이고 멸망시키지만, 주님은 생

명을 주시되 풍성히 주십니다. 주님께 모든 것을 맡기고

편히 잠자며, 일용할 모든 양식을 주님께 얻습니다.

저의 수고롭고 무거운 짐을 주님의 능력의 손, 지혜의 손,

자비의 손에 맡깁니다. 저를 이곳에서 누리는 안식에서부

터 영원한 하늘의 안식에 이르기까지 인도해 주옵소서.

예수님의 이름으로 기도합니다. 아멘.

나의 고백

진정한 안식을 주시는 하나님 아버지,

3장

헝클어진 영광의 고백

나의 길보다
목자의 길을 따라갑니다

내 영혼을 소생시키시고
자기 이름을 위하여 의의 길로 인도하시는도다

시편 23:3

산 넘고 강 건너 길 잃은 양 찾아

새찬송가 277장 〈양 떼를 떠나서〉의 1절과 2절 가사입
니다.

  1. 양 떼를 떠나서 길 잃어버린 나
     목자의 소리 싫어서 먼 길로 나갔네
     방탕한 이 몸은 큰 불효 행하여
     아버지 음성 싫어서 먼 길로 나갔네

  2. 양 잃은 목자는 그 양을 찾으러

산 넘고 강을 건너며 사막을 지났네

갈 길을 모르고 나 지쳐 있을 때

그 목자 마침 나타나 날 구원하셨네

목자가 길을 잃고 지쳐 있는 양을 구하러 산 넘고, 강을 건너고, 사막을 통과하여 오는 모습을 묘사하고 있습니다. 길을 잃어버린 양은 집을 스스로 찾아오지 못합니다. 양이 목자를 찾는 것이 아니라 언제나 목자가 양을 찾습니다. 헬라어 에피스트레포(ἐπιστρέφω)는 '되돌아오다, 되돌아오게 하다'라는 뜻으로 신약에서 사용될 때는 완전한 종교적 회심을 의미하는 것으로 쓰였습니다. 되돌아오게 한다는 말은 데리고 온다는 말로 이해할 수 있고, 더 나아가 잘못된 길에서 올바른 길로 데려온다는 의미일 것입니다. 길을 잃은 양을 찾아 데려온다는 것은 본래 있어야 할 자리로 데려다 놓는다는 뜻입니다.

너희가 전에는 양과 같이 길을 잃었더니 이제는 너희 영혼의 목자와 감독 되신 이에게 돌아왔느니라(벧전 2:25).

17세기 프랑스 궁정화가 필리프 드 샹파뉴(Philippe de Champaigne)가 그린 〈착한 목자〉를 보면 잃어버렸던 양을 되찾은 목자가 그 양을 어깨에 메고 돌아오는 장면이 묘사되어 있습니다. 양이 길을 잃고 덤불이나 바위 밑에 숨어 두려움에 떨며 "메-에" 소리를 내며 울 때, 목자는 양의 목숨을 노리는 맹수보다 먼저 찾아내기 위해 서두릅니다. 드디어 목자가 양을 발견하지만, 양은 극도의 불안 상태로 제대로 걷지 못합니다. 그래서 목자가 양을 어깨에 둘러메고 집으로 돌아갑니다.

주님은 신앙의 길에서 벗어나 절망하며 지쳐 있는 우리를 찾아내어 어깨에 둘러메고 데려오십니다. 인생에서 길을 잃으면, 불안과 고독, 절망과 혼돈에 빠지기 마련입니다. 자기 힘으로는 절망과 불안에서 벗어날 수 없을 때, 인생의 길을 알고 우리를 절망에서부터 건져 내어 소망을 주며 올바른 방향으로 인도해 줄 이가 필요합니다. 그런 분을 의지해야 합니다. 잃어버린 양을 찾아 위험에서 구출해 오는 목자의 모습에서 "영혼을 소생시키시는" 목자 하나님의 모습을 봅니다.

절망으로 뒤집힌 양을 살리다

앞에서도 양에 관해 여러 이야기를 했지만, 양의 속성을 한 가지 더 짚자면 잘 넘어진다는 것입니다. 몸에 비해 상대적으로 다리가 짧은 양은 쉽게 넘어지고, 넘어지면 잘 일어서지 못합니다. 누군가 일으켜 세워 줘야 하고, 중심을 잡도록 한동안 붙잡아 주어야 합니다.

양은 본래 우묵하고 편안한 곳을 찾아다니기 때문에 발을 잘못 디뎌 넘어지는 일이 많습니다. 넘어져 뒤집힌 양을 한번 상상해 보세요. 등이 땅에 닿은 채 네 발이 허공으로 들려서 일어서 보려고 발버둥 쳐 보지만, 자기 힘으로는 도무지 일어설 수가 없습니다. 누군가 도와주길 바라며 울고만 있어야 합니다. 그중 털이 덥수룩하고 살진 양이 무게 때문에 중심을 잃고 뒤집혀 꼼짝 못 하게 되면, 독수리나 들개나 이리 같은 맹수가 발견하고 달려듭니다. 꼼짝없이 죽게 된 것입니다. 설령 맹수의 눈에 띄지 않는다고 해도, 되새김 동물인 양이 공포에 질려 발을 허우적거리다 보면 네 개의 위장 중 첫 번째 위에서 가스가 차오르기 시작합니다. 이 가스로 인해 혈액 순환이 잘되지 않게 되고, 급기야 혈액 공급이 끊어져 목숨을 잃을 수 있습니다. 따라서 뒤집힌 양을 발견하면, 곧바로 일으켜 세우고 사지를 마사지하여 혈액이 순환되게 해 주어야 합니다.

신앙생활을 하다가 실망과 낙심을 경험할 때가 있습니다. 하나님의 사랑을 가장 많이 받은 사람 중 하나인 다윗도 그랬습니다. 하나님의 은혜와 축복을 많이 경험했지만, 인생의 유혹과 시련으로 패배와 좌절도 많이 겪은 이가 다윗입니다. 다윗의 시편을 읽다 보면, 그의 낙심과 절망을 엿볼 수 있습니다.

내 영혼아 네가 어찌하여 낙심하며 어찌하여 내 속에서 불안해하는가 너는 하나님께 소망을 두라 그가 나타나 도우심으로 말미암아 내가 여전히 찬송하리로다(시 42:5).

하나님의 자녀도 넘어질 수 있습니다. 영적으로 낙담하거나 정신적으로 무력감을 느끼기도 합니다. 사울왕의 살해 위협을 피해 도망간 다윗은 아둘람 굴로 피신했습니다. 사랑하는 아내도 의지할 친구도 그에게 하나님의 뜻을 전해 줄 사무엘 선지자도 없는 그곳에서 다윗은 뒤집힌 양과 같은 존재였습니다(삼상 22장). 아둘람 굴의 다윗처럼, 선지자 엘리야는 로뎀나무 아래서 절망을 맛보았습니다. 3년 반의 긴 가뭄을 끝내려고 갈멜산에서 바알과 아세라 선지자 450명을 상대로 맞섰던 엘리야는 승리했지만, 왕비 이세벨의 사형 선고가 두려워

도망쳤습니다. 멀리 브엘세바까지 도망쳤지만, 거기서도 안심하지 못하여 깊은 광야로 들어가 로뎀나무 아래에 주저앉아 탄식했습니다.

자기 자신은 광야로 들어가 하룻길쯤 가서 한 로뎀나무 아래에 앉아서 자기가 죽기를 원하여 이르되 여호와여 넉넉하오니 지금 내 생명을 거두시옵소서 나는 내 조상들보다 낫지 못하니이다 하고(왕상 19:4).

이처럼 위대한 왕 다윗도, 위대한 선지자 엘리야도 넘어지고 낙심한 때가 있었습니다.

그런즉 선 줄로 생각하는 자는 넘어질까 조심하라 (고전 10:12).

그러나 목자 되시는 주님은 실패하고 낙심해 있는 뒤집힌 양과 같은 우리를 반드시 찾아오십니다. 시몬 베드로는 예수님의 열두 제자 가운데서도 리더였습니다. 그는 항상 예수님과 가장 가까이 있었으며 예수님이 하시는 일에 누구보다 앞장섰습니다. 그러기에 주님의 말씀을 가장 많이 듣고, 주님의 기적을 가장 많이 체험한 사람도 베드로였습니다. 그러나 예수님의 가장 중요한 사역, 십자가의 고난 앞에서 그는 넘어졌습니다. 세 번이나 예수님을 부인하며 주님 곁을 지키지 못했습니다. 낙심하고 절망한 베드로가 다른 제자들과 고기를 잡으러 디베랴 호수로 가자 부활하신 주님이 그곳까지 찾아오셨습니다. 주님은 뒤집힌 양과 같은 베드로에게 음식을 먹이시고, "네가 나를 사랑하느냐"라고 물은 후에 귀한 사명을 맡기셨습니다.

세 번째 이르시되 요한의 아들 시몬아 네가 나를 사랑하느냐 하시니 주께서 세 번째 네가 나를 사랑하느냐 하시므로 베드로가 근심하여 이르되 주님 모든 것을 아시오매 내가 주님을 사랑하는 줄을 주님께서 아시나이다 예수께서 이르시되 내 양을 먹이라(요 21:17).

낙망한 우리 영혼을 주님이 소생시키십니다. 죽음에서 부활하신 주님처럼, 낙심과 절망 가운데서도 우리는 다시 회복될 것입니다. 뒤집힌 양을 일으켜 세우고 소생시키는 목자처럼 주님이 우리를 살리십니다. 우리의 생명과 마음과 기력을 회복시키십니다.

양이 원하는 길보다 양을 살리는 길로

우리는 다 양 같아서 그릇 행하여 각기 제 길로 갔거늘 여호와께서는 우리 모두의 죄악을 그에게 담당시키셨도다. (사 53:6)

누가복음 15장에는 "잃은 것"에 대한 예수님의 비유 삼부작이 나옵니다. 예수님은 덜 가치 있는 것에서 더 가치 있는 순으로 "잃은 양", "잃은 드라크마", "잃은 아들"을 말씀하시는데 그 비율도 1/100, 1/10, 1/2입니다. 세 번째 비유인 잃은 아들을 되찾은 아버지 비유에서 아들은 자신의 욕심과 야망과 향락을 따르며 아버지를 떠났습니다. 하지만 아버지와 멀어질수록 아들의 인생은 진창으로 전락했고 결국 그렇게 혐오하던 돼지와 같은 처지가 되었습니다. 아버지를 떠나 자기 길로 간 아들의 모습은 죄에 빠진 인간의 모습입니다. 양은 약하고 어리석지만, 양보다 못한 인간은 악하고 죄를 따라갑니다. 양은 길을 잃고 방황하지만 인간은 자신의 의지로 발을 구르며 멀리멀리 길을 떠납니다. 죄를 회개하고 목자 하나님께 돌아가야 합니다. 예수님은 그러한 인간의 죄악을 감당하시기 위해 징계를 받으셨습니다. 가시에 찔리고 채찍을 맞고 십자가에서 죽임을 당하셨습니다.

양은 특정 장소에 고집스러울 정도로 오래 머무는 습성이 있습니다. 양의 이런 고집은 자신이 머무는 땅이다 망가질 때까지, 자기 몸이 독한 기생충에 감염될 때까지 계속됩니다. 자기 자신과 주변 환경을 파괴하고 마는 지독한 고집입니다. 실제로 대관령 양 떼 목장에서는 이런 이유로 겨울에는 양을 방목하지 않는다고 합니다. 그대로 두면 양들이 풀뿌리까지 모두 먹어 치워서 봄에 풀이 자라지 않기 때문입니다. 양은 자신의 판단이 옳다고 믿으며 고집을 부리지만, 결과적으로 자기가 서 있는 땅과 자기 자신을 멸망으로 이끌어 갑니다.

어떤 길은 사람이 보기에 바르나 필경은 사망의 길이니라(잠 14:12).

그래서 목자는 자신의 양 떼와 목초지를 보호하기 위해 양을 계속 이동시킵니다. 양들이 아무리 고집부려도 같은 장소에 오래 머물게 하지 않습니다. 선한 목자이신 하나님은 길을 잃고 넘어진 나를 일으켜 세우실 뿐만 아니라 올바른 길, 곧 "의의 길"로 인도하십니다. 우리는 평탄한 길, 형통의 길, 출세의 길, 성공의 길을 걷길 원하지만, 우리를 살리는 길은 의의 길이니 그리로 인도하시는 겁니다.

하나님 나라, 천국에 합당한 시민은 의로운 사람입니다. 가끔 의로운 일을 하는, 행위가 의로운 사람이 아니라 존재 자체가 의로운 사람이 하나님 나라의 시민이 될 수 있습니다. 그러나 성경이 증언하는 바대로 스스로의 힘으로는 의롭게 될 수 없습니다.

기록된 바 의인은 없나니 하나도 없으며(롬 3:10).

의로움은 오직 예수 그리스도 안에 있습니다.

이제는 율법 외에 하나님의 한 의가 나타났으니 율법과 선지자들에게 증거를 받은 것이라(롬 3:21).

우리를 구원에 이르게 하는 의는 인간의 상대적 의가

아니라 하나님의 절대적 의입니다. 예수 그리스도의 십
자가 은혜로 우리는 주님의 의를 덧입습니다.

예수 그리스도의 종이며 사도인 시몬 베드로는 우리
하나님과 구주 예수 그리스도의 의를 힘입어 동일하
게 보배로운 믿음을 우리와 함께 받은 자들에게 편지
하노니(벤후 1:1).

하나님은 의로운 분이시므로 하나님의 자녀인 우리
가 의로운 일을 하며 의롭게 살기를 원하십니다.

여호와는 의로우사 의로운 일을 좋아하시나니 정직
한 자는 그의 얼굴을 뵈오리로다(시 11:7).

하나님이 우리를 택하고 부르신 목적은 우리를 구원
하기 위함입니다.

하나님이 세상을 이처럼 사랑하사 독생자를 주셨으니 이는 그를 믿는 자마다 멸망하지 않고 영생을 얻게 하려 하심이라(요 3:16).

그러나 인간의 목적은 세상의 복과 형통입니다. 우리의 고집과 하나님의 뜻이 충돌하고 어긋납니다. 양을 이끄는 목자가 그러하듯 하나님은 구원의 목적을 이루기 위해 때로는 채찍을 사용하십니다. 인생의 질병, 고난, 시련, 실패 등이 우리를 구원의 길, 의의 길로 인도하는 도구가 될 수 있습니다. 그렇다고 신앙의 길에 형통의 복이 없는 것은 아닙니다. 하나님은 필요에 따라 우리에게 건강, 가정, 학업, 결혼, 직업, 사업 등의 축복을 주십니다. 다만 양을 돌보는 목자처럼 우리가 원하는 것이 아닌 우리에게 필요한 것을 주십니다.

우리는 자신이 원하는 것을 얻기 위해 하나님께 기도하지만, 기도한 대로 주시지는 않습니다. 오히려 우리

에게 더 좋은 것, 더 필요한 것을 주십니다. 우리 하나님
은 이런 분입니다.

너희가 악할지라도 좋은 것을 자식에게 줄 줄 알거든
하물며 너희 하늘 아버지께서 구하는 자에게 성령을
주시지 않겠느냐 하시니라(눅 11:13).

하나님의 의로운 길, 성결의 길은 인간이 보기에 좋
은 '넓은 길'이 아닙니다. 예수님이 걸어가신 십자가의
길은 좁아 보이지만, 생명의 길이요 올바른 의의 길입
니다. 광야나 밀림에서는 길을 찾기 어렵습니다. 그 땅
을 잘 아는 가이드가 곧 길입니다. 인생의 길을 찾지 못
해 방황하는 사람들에게 예수님은 곧 길이 되십니다.

예수께서 이르시되 내가 곧 길이요 진리요 생명이니
나로 말미암지 않고는 아버지께로 올 자가 없느니라
(요 14:6).

찬송가 작시에 생을 바쳐 '근대 찬송의 아버지'로 불리는 아이작 왓츠(Isaac Watts) 목사는 이렇게 고백했습니다.

"내가 주의 길을 잃었을 때, 주님은 나의 방황하는 영혼을 데려다 놓으셨습니다. 그리고 그분의 자비 때문에 나를 진리와 은혜의 길로 인도하셨습니다."

주님은 길을 잃고 절망에 빠진 우리를 찾아오십니다. 그리고 진리와 은혜의 길로 인도하십니다.

그의 이름, 양을 부르신 목적

주께서 나를 누이시는 이유, 그가 푸른 풀과 맑은 물을 주시는 이유, 그가 나를 인도하시는 이유, 그가 나를 소생시키시는 이유, 그가 나와 함께하시는 이유, 그가 지팡이와 막대기로 나를 안위하시는 이유, 그가 내게 상을 베푸시는 이유, 그가 내 머리에 기름을 부으시는 이유, 그가 내 잔을 넘치게 하시는 이유, 그 모든 이유는 하나님의 이름에 있습니다. 양인 우리의 이름을 위해서가 아니라 하나님 자신의 이름을 위해서 이러한 은혜를 베푸시는 것입니다.

우리를 돌보시는 이유가 하나님의 이름을 위해서라는 말을 섭섭하게 생각할 필요는 없습니다. 인생의 길을 알지 못하는 나에게 이유가 있다는 것은 위험하기 때문입니다. 나는 사랑받을 만한 때가 있고, 그러지 못할 때가 있습니다. 이 세상의 어떤 위인도, 어떤 선행도 하나님의 이름을 대신할 수 없습니다. 나의 노력이나 공로가 아니라 은혜로 구원받고 복을 받는 것입니다. 은혜는 받을 만한 사람, 공로가 있는 사람에게만 주어지는 것은 아닙니다. 무자격자에게도 불공평하리만치 주어지고, 과분하게 주어지는 것이 은혜의 특징입니다.

우리가 자격 있는 자여서가 아니라 하나님이 사랑하시는 대상이기에 선한 목자이신 하나님 자신의 이름을 위하여 우리에게 복을 주십니다. 그렇다고 하나님이 명예를 탐하시는 분이라 생각해선 안 됩니다. 하나님의 이름은 그 자체로 하나님의 성품과 약속과 영광을 의미합니다. 우리 인간의 이름에도 지위나 능력에 따라 신용, 권한, 책임 등이 더해지는 경우가 있습니다. 그러나 어느 누가 하나님만큼의 신용이 있으며, 하나님만큼의 권세가 있으며, 하나님처럼 신실하게 책임질 수 있습니까? 누가 악하고 약하고 미련한 양들에게 자신의 이름을 걸 수 있습니까?

선한 목자는 자기에게 속한 양을 버리는 법이 없습니다. 자기 양을 잃어버리거나 방치하는 것은 선한 목자이신 하나님의 명예가 실추되는 일입니다. 하나님은 열방 중에 당신의 거룩한 이름이 더럽혀지는 일을 안타까워하십니다.

그러나 이스라엘 족속이 들어간 그 여러 나라에서 더럽힌 내 거룩한 이름을 내가 아꼈노라(겔 36:21).

하나님은 자신의 이름을 위해 우리를 도우시고 보호하십니다.

그러므로 너는 이스라엘 족속에게 이르기를 주 여호와께서 이같이 말씀하시기를 이스라엘 족속아 내가 이렇게 행함은 너희를 위함이 아니요 너희가 들어간 그 여러 나라에서 더럽힌 나의 거룩한 이름을 위함이라(겔 36:22).

하나님은 더럽혀진 자신의 이름을 우리를 통해 다시 거룩하게 하십니다.

여러 나라 가운데에서 더럽혀진 이름 곧 너희가 그들 가운데에서 더럽힌 나의 큰 이름을 내가 거룩하게 할지라 내가 그들의 눈앞에서 너희로 말미암아 나의 거룩함을 나타내리니 내가 여호와인 줄을 여러 나라 사람이 알리라 주 여호와의 말씀이니라(겔 36:23).

이처럼 나의 구원은 나의 가치나 선행이 아닌 하나님의 이름에서 비롯됩니다.

그러나 여호와께서는 자기의 이름을 위하여 그들을 구원하셨으니 그의 큰 권능을 만인이 알게 하려 하심이로다(시 106:8).

나의 일이 하나님의 명예가 걸린 일이고, 나의 자녀, 가정, 학업, 직업 모두가 하나님의 명예와 관련되어 있음을 깨닫는다면, 더욱 열심히 최선을 다해 거룩하고 의롭게 살아갈 것입니다. 하나님을 위하여 하나님의 능력으로 잘 살아가는 것, 이것이 신앙생활입니다.

주는 나의 반석과 산성이시니 그러므로 주의 이름을 생각하셔서 나를 인도하시고 지도하소서(시 31:3).

하나님이 자기 이름을 위하여 우리를 구원하셨으므

로 우리도 하나님의 이름을 거룩히 여겨야 합니다. 이는 십계명 중 제3계명에 해당합니다.

너는 네 하나님 여호와의 이름을 망령되게 부르지 말라 여호와는 그의 이름을 망령되게 부르는 자를 죄 없다 하지 아니하리라(출 20:7).

우리는 하나님의 이름을 영광되게 해야 합니다. 1648년 영국 의회가 승인한 〈웨스트민스터 소요리 문답〉도 우리 삶의 가장 중요한 목적은 하나님께 영광을 돌리고, 그분을 영원히 즐거워하는 것이라고 말합니다. 모든 일에 하나님께 영광을 돌리십시오. 좋은 일이 있다면 하나님이 하셨음을 고백합시다. 어떤 경우에도 하나님의 영광을 도둑질해서는 안 됩니다. 우리는 선한 목자이신 하나님께 영광을 돌리는 삶을 살아야 합니다.

여호와여 영광을 우리에게 돌리지 마옵소서 우리에게 돌리지 마옵소서 오직 주는 인자하시고 진실하시므로 주의 이름에만 영광을 돌리소서(시 115:1).

다윗처럼 하나님의 명예를 위해 기도하십시오.

다윗이 블레셋 사람에게 이르되 너는 칼과 창과 단창으로 내게 나아오거니와 나는 만군의 여호와의 이름 곧 네가 모욕하는 이스라엘 군대의 하나님의 이름으로 네게 나아가노라 오늘 여호와께서 너를 내 손에 넘기시리니 내가 너를 쳐서 네 목을 베고 블레셋 군대의 시체를 오늘 공중의 새와 땅의 들짐승에게 주어 온 땅으로 이스라엘에 하나님이 계신 줄 알게 하겠고 (삼상 17:45-46).

우리는 다만 세상을 향해 하나님을 증거하는 삶을 살면 됩니다. 하나님을 목자로 삼은 우리는 살아계신 하

나님, 거룩하신 하나님, 사랑이 많으신 하나님의 증인
이 되어 복 받은 자의 표상으로 살아가야 합니다.

영광의 영성을 위한 기도문

영광을 받으시기에 합당하신 하나님,

주님은 험한 산과 높다란 고개를 넘어 죄와 저주와 사망에 처한 광야로 저를 찾아오셨습니다. 굶주리고 목말라 헐벗은 채 쓰러져 죽어 가던 저의 생명을 회복시켜 주셨습니다. 예수님의 살과 피로 영원한 새 생명을 얻게 하시니 감사합니다. 또한 생명의 구원자이신 주님이 저로 하여금 영광스러운 의의 길을 걷게 하시니 감사합니다.

주님은 제가 어리석고 무지하여 또다시 곁길로 나아가지 않도록 친히 막아 주십니다. 때로 제가 그 길을 싫어하고 반항할지라도 주님은 저를 다독이시고 사랑으로 인도하십니다.

이제 주님의 이름에 합당한 영광을 돌리며 신뢰와 순종, 감사와 찬송과 기도로 주님의 인도하심을 따르게 하소서. 주님의 이름을 위하여 저에게 의의 옷을 입혀 주시고, 영생을 주실 것을 믿습니다.

나의 구원자, 나의 인도자, 선한 목자시여! 영광 받으소서.

예수님의 이름으로 기도합니다. 아멘.

나의 고백

영광을 받으시기에 합당하신 하나님,

4장

헝클어진 임재의 고백

험한 골짜기에도
함께하심을 믿습니다

내가 사망의 음침한 골짜기로 다닐지라도
해를 두려워하지 않을 것은 주께서 나와 함께 하심이라
주의 지팡이와 막대기가 나를 안위하시나이다

시편 23:4

험준한 인생 골짜기

시편 23편에서 4절은 제일 긴 구절로 부정적인 단어가 처음 등장하는 절이기도 합니다. "사망", "음침한 골짜기", "해"(악), "두려움" 같은 단어가 나옵니다. 목자가 양 떼를 푸른 풀밭과 쉴 만한 물가로 인도할 때, 풍족하고 아름다운 곳으로 이동하는 과정에서 사망의 음침한 골짜기를 지나야 할 때가 있습니다. 이는 마치 우리 인생의 여정, 신앙생활의 여정과도 같습니다. 언제나 기쁘고, 항상 잘되는 인생은 없습니다.

산에는 높은 봉우리만 있는 것이 아닙니다. 반드시

깊은 골짜기도 있습니다. 골짜기 양 측면은 깎아지른 듯 깊어서 험한 협곡을 이루기도 합니다. 골짜기에는 간헐천이 흘러서 우기에는 사납게 넘쳐흐르기도 합니다. 협곡을 지날 때는 굴러떨어지는 바위를 주의해야 합니다. 시야가 좁은 탓에 맹수의 습격을 받아도 도망가기가 어렵습니다. 혼자 길을 잃고, 넘어져 뒤집히는 것도 두려운 일이지만, 죽음의 공포가 감도는 음침한 골짜기를 지나가는 일은 되도록 피하고 싶습니다.

인생에도 이처럼 음침한 골짜기가 많습니다. 슬픔과 눈물의 골짜기, 실패의 골짜기, 질병의 골짜기, 괴로움과 낙심의 골짜기, 외로움과 고독의 골짜기, 미움과 배신의 골짜기 등등. 실수와 죄로 고난에 처하기도 하지만, 세상을 살아가며 어쩔 수 없이 겪어야 하는 고난과 시련도 존재합니다. 마치 전 세계가 코로나19 비상시국을 함께 통과해야 했던 것처럼 말입니다. 그러나 다행스럽게도 인생의 골짜기가 곧 종착지는 아닙니다. 통과해야 하는 길이요 지나가는 고난의 과정일 뿐입니다.

고진감래(苦盡甘來)라는 말처럼, 고통의 때가 지나가면 좋은 때가 올 것입니다. 그러나 고통과 시련이 영원하지 않다고 해서 그 시간이 두렵지 않고 괴롭지 않은 것은 아닙니다. 그런데도 다윗은 "사망의 음침한 골짜기로 다닐지라도" 자신은 "해를 두려워하지 않을 것"이라고 자신합니다. 어떻게 그럴 수 있습니까? 눈에 보이는 것과 귀에 들리는 것이 온통 위험하게 느껴지는 사망의 골짜기에서 두려움을 이기게 하는 능력은 어디서 비롯됩니까? 바로 "주께서 나와 함께하심"을 믿는 데서 나옵니다. 하나님의 함께하심, 즉 하나님의 임재가 두려움을 평안으로, 고난을 소망으로 바꿉니다. 모든 소망이 끊어진 듯 보이는 험난한 골짜기에서도 하나님은 나와 함께하시니 하나님은 내 인생의 안전망이신 셈입니다.

예수님은 세상 끝날까지 우리와 항상 함께하신다고 약속하셨습니다.

볼지어다 내가 세상 끝날까지 너희와 항상 함께 있으리라(마 28:20b).

하나님이 두려워하지 말라고 말씀하십니다. 우리가 두려워하지 않을 수 있는 것은 주께서 항상 우리와 함께하시기 때문입니다.

두려워하지 말라 내가 너와 함께함이라 놀라지 말라 나는 네 하나님이 됨이라 내가 너를 굳세게 하리라 참으로 너를 도와주리라 참으로 나의 의로운 오른손으로 너를 붙들리라(사 41:10).

다윗은 하나님과 동행함으로써 고난과 위기를 숱하

게 넘긴 경험이 있습니다. 많은 사람에게 사랑을 받은 드라마, 〈이상한 변호사 우영우〉의 주인공 우영우는 자폐증이 있는 변호사입니다. 우영우는 유능한 변호사가 될 만한 재능을 갖추었지만, 장애가 있어 대인 관계에 어려움을 겪으며 크고 작은 위기를 맞습니다. 위기를 헤치고 나갈 아이디어가 떠오를 때마다 고래가 등장하는데, 이는 보통 사람들과 구별되는 '이상한' 우영우를 상징하기도 하지만, 위기에 빠진 주인공을 보호해 주는 수호자처럼 보이기도 합니다. 거대하고 듬직한 고래의 모습이 우영우의 눈에만 보이는 것처럼 나에게만 보이고, 나에게만 말씀하시는 목자 하나님이 나를 보호하고 인도하십니다.

"사망의 음침한 골짜기"란 살면서 부닥치는 공포의 시간과 장소를 상징합니다. 암 투병 생활을 하느라 절망에 잠긴 사람, 앞날을 기약하지 못한 채 수술대에 누운 사람을 떠올려 봅시다. 그 불안과 절망의 시간을 통과하려면 먼저 두려움을 극복해야 합니다. 죽으면 어쩌나 하는 두려움에 사로잡히는 대신에 지금 죽어도 괜찮다는 담대한 마음을 가질 수 있습니다. 이것은 하나님이 함께하실 때 주어지는 평안입니다.

어떤 시간이나 장소나 상황이 중요한 것이 아니라 하나님과의 실제적인 관계가 중요합니다. 하나님과의 친밀한 관계는 불안을 평안으로, 두려움을 만족함으로 바꾸어 줍니다. 특별히 4절에서는 3인칭으로 불리던 목자가 2인칭 표현인 "주"로 바뀝니다. "나"와 "목자"의 친밀한 관계가 "주"라는 호칭으로 강조되는 것입니다.

다윗의 인생에는 외롭고 고독한 시간이 많았습니다. 여덟 형제 가운데서도 부모님의 기대를 받지 못해서 형제들이 모두 사무엘을 맞이하는 잔치에 있는 동안에 다윗만 외로이 광야에서 양을 쳐야 했습니다. 많은 공을 세웠지만, 사울의 시기를 받아 도피 생활을 해야 했고, 왕이 되었음에도 권력 다툼으로 자식에게서 배반당하는 처절한 삶을 살았습니다. 그러나 그는 결코 혼자가 아니었습니다. 어떤 시련을 만나도, 어떤 절망적인 상황에서도 그의 곁에는 늘 하나님이 함께하셨습니다.

예수님은 우리와 함께하시는 "임마누엘"(마 1:23) 하나님이십니다. 말씀 생활과 기도 생활을 포함한 모든 영적 훈련은 하나님이 우리와 함께하신다는, 하나님의 임재를 인식하도록 도와줍니다. 존 번연(John Bunyan)의 《천로역정》을 보면, 성도가 사망의 음침한 골짜기를 피하지 않고 관통해 나가는 것을 볼 수 있습니다. 고난과 괴로움이 가득한 사망의 음침한 골짜기 같은 현실도 하나님이 함께하시면 천국의 일부로 변합니다.

C. S. 루이스(C. S. Lewis)의 책, 《천국과 지옥의 이혼》에는 천국과 지옥의 소급력에 관한 설명이 나옵니다. 루이스에 따르면, 천국과 지옥은 소급력이 있어서 일단 천국을 얻은 사람은 지나온 과거의 괴로움과 고난에 천국을 소급 적용하여 괴로웠던 시간도 영광의 기억으로 변화합니다. 그래서 종말에 구원받은 자들은 "우린 천국 아닌 곳에서 살았던 적이 없다"라고 고백하는 반면,

버림받은 자들은 "우린 항상 지옥에 있었다"라고 말하게 됩니다. 이처럼 우리가 인생에서 만나는 사망의 골짜기는 천국의 일부가 될 수도, 지옥의 일부가 될 수도 있습니다. 모든 것은 하나님의 임재 여부에 달려 있습니다. 시련과 고난은 목자와 나의 관계를 더욱 친밀하게 해 줄 뿐 아니라 나로 하여금 더욱 성장하게 합니다.

그들이 우리를 애굽 땅에서 인도하여 내시고 광야 곧 사막과 구덩이 땅, 건조하고 사망의 그늘진 땅, 사람이 그곳으로 다니지 아니하고 그곳에 사람이 거주하지 아니하는 땅을 우리가 통과하게 하시던 여호와께서 어디 계시냐 하고 말하지 아니하였도다(렘 2:6).

이 세상에서 죽음을 통과하여 나를 인도하실 수 있는 이는 하나님 한 분밖에 없습니다. 종교, 철학, 과학, 의술, 권력, 재물, 심지어 사랑하는 가족도 죽음의 문턱까지만 나와 동행할 수 있을 뿐 죽음을 넘어서까지 함께 갈 수 없습니다. 이 땅의 모든 인간에게는 죽음의 순간이 찾아옵니다. 누구도 무엇도 함께 갈 수 없는 길입니다. 그러나 우리에게는 끝까지 함께하시는 하나님이 계십니다. 하나님이 함께 가시기에 신앙인에게 죽음은 종말이 아닌 새로운 삶으로 들어가는 통로가 됩니다.

내가 돌아오지 못할 땅 곧 어둡고 죽음의 그늘진 땅으로 가기 전에 그리하옵소서 땅은 어두워서 흑암 같고 죽음의 그늘이 져서 아무 구별이 없고 광명도 흑암 같으니이다(욥 10:21-22).

인생의 고난과 시험을 만날 때, 우리는 이렇게 고백할 수 있어야 합니다.

"주님, 길이 아주 험해 보입니다. 그러나 이 길이 저 높은 곳으로 올라가는 길이라면 주님이 동행해 주심으

우리가 인생에서 만나는
사망의 골짜기는
천국의 일부가 될 수도,
지옥의 일부가 될 수도 있습니다.
모든 것은 하나님의 임재 여부에
달려 있습니다.

로써 안전하게 지날 줄을 믿습니다."

"해"(악), "사망", "원수"가 우리를 대적하고 괴롭히지만, 우리를 보호하시는 목자에게는 "지팡이와 막대기"가 있습니다. 여기서 지팡이(משענה, 미쉬에나)는 목자가 원하는 방향으로 양을 인도하는 도구로 가장 큰 쓰임새는 양들을 이끌어 갈 때, 양들이 딴 길로 빠지지 않도록 통제하며 지키는 것입니다. 때로는 양 떼가 나아갈 방향의 숲을 헤치거나 장애물들을 치우며 길을 만드는 데도 사용되었습니다. 보통 1.5m 정도 되는 길이에 끝부분이 갈고리처럼 휘어져 있어서 낭떠러지 아래로 떨어진 양을 끌어올리거나 가시덤불에 걸린 양을 끌어내기에 좋았습니다. 모세가 광야에서 이스라엘 민족을 이끌며 출애굽의 사명을 감당할 때도 그의 손에는 지팡이가 들려 있었습니다. 그는 지팡이로 하나님의 백성들을 인도했습니다. 모세 역시 하나님의 부르심을 받기 전에는 장인 이드로의 양을 치는 목자였다는 사실이 흥미롭습니다.

막대기(שֵׁבֶט, 쉐베트)는 나무 막대기 끝에 금속이나 못을 박아 맹수나 도둑으로부터 양들을 보호하던 무기의 일종입니다. 이것은 양치기 소년 다윗이 골리앗 앞에 가지고 나갔던 무기이기도 합니다(삼상 17:40).

블레셋 사람이 다윗에게 이르되 네가 나를 개로 여기고 막대기를 가지고 내게 나아왔느냐(삼상 17:43a).

목자는 허리춤에 막대기를 차고 다니다가 양을 위협하는 적이 나타나면 뽑아 들어 맞서 싸우곤 했습니다. 선한 목자이신 하나님은 우리를 위해서 무기를 드시는 분입니다. "사망의 음침한 골짜기"에서도 우리를 향한 하나님의 큰 사랑과 열정이 우리를 보호합니다.

또한 막대기는 양을 징계할 때도 사용되었습니다. 양

떼를 질서 있게 몰고 가기 위해, 목자의 말을 거역하고 위험한 길로 다니는 양을 훈육하는 도구로 사용한 것입니다. 자녀를 엄하게 훈육하는 부모라 해도 다른 사람이 내 자녀를 벌하는 것은 마뜩잖은 법입니다. 마찬가지로 하나님은 당신의 자녀를 절대 사탄에게 맡기지 않으십니다. 하나님의 징계와 훈육은 사랑의 또 다른 표현입니다. 이것을 잘 아는 다윗은 갓 선지자에 의해 자기 죄가 하나님 앞에 드러나자 사람이 아닌 하나님의 손에 벌을 받겠다고 말했습니다.

다윗이 갓에게 이르되 내가 고통 중에 있도다 청하건대 여호와께서는 긍휼이 크시니 우리가 여호와의 손에 빠지고 내가 사람의 손에 빠지지 아니하기를 원하노라 하는지라 (삼하 24:14).

징계는 잠깐이나 은총은 영원합니다. 하나님의 징계의 다른 이름은 사랑이요 자비입니다.

지팡이와 막대기는 한 쌍입니다. 지팡이는 구원의 길로 양을 인도하고, 막대기는 외부의 위협으로부터 양을 보호합니다. 삼중 위험, 즉 자연재해, 맹수의 습격, 원수의 공격이 닥쳐도 양이 평안을 누릴 수 있는 이유는 삼중 확신이 있기 때문입니다. 첫째, 목자가 함께한다는 확신, 둘째, 목자의 지팡이가 인도한다는 확신, 셋째, 목자의 막대기가 보호해 주리라는 확신입니다. 양은 목자의 지팡이와 막대기를 바라보며 평안을 얻습니다.

우리 목자 되시는 하나님의 임재를 느낄 때, 우리는 평안을 누립니다. 나를 인도하고 보호할 지팡이와 막대기를 가지신 목자가 함께하신다면 우리는 두려울 것이 없습니다. 나를 안전하고 올바른 곳으로 인도하시며 모든 위험과 위협으로부터 나를 보호해 주실 것을 믿기 때문입니다. 그러므로 하나님의 임재, 하나님의 보호하심, 하나님이 주시는 평화, 이 세 가지는 서로 분리될 수 없습니다.

《양과 목자》에서 필립 켈러는 목자에 관해 다음과 같이 이야기합니다.

"목자들은 경험을 통해 이리, 곰, 늑대나 퓨마 같은 맹수들이 벼랑의 튀어나온 부분에 숨어 있다가 갑자기 덮칠 수 있다는 걸 안다. 갑작스러운 폭풍이나 기습 폭우로 물이 불어나 순식간에 골짜기 위로 차오를 수 있음도 안다. 또한 낙석이나 산사태, 눈사태 등 온갖 자연재해들로 인해 양 떼가 몰살당하거나 다칠 수 있음도 안다. 그러나 그런 위험에도 불구하고 양 떼를 고산 지대로 데려가야만 한다. 그것이 최선의 길이기 때문이다. 그는 노고와 시간을 아끼지 않고, 언제 발생할지 모르는 위험에서 눈을 떼지 않는다."

필립 켈러가 묘사한 목자의 모습은 성경 속 하나님의

모습과 무척 닮아 있습니다.

내가 너와 함께 있어 네가 어디로 가든지 너를 지키
며 너를 이끌어 이 땅으로 돌아오게 할지라 내가 네
게 허락한 것을 다 이루기까지 너를 떠나지 아니하리
라(창 28:15).

하나님은 아버지와 고향을 떠나 불확실한 미래를 향
하여 "사망의 음침한 골짜기"를 통과해야 하는 야곱에
게, 내가 너를 지키며, 너를 인도하고, 결코 너를 떠나지
않겠다고 약속해 주셨습니다. 하나님의 임재는 우리에
게 공급과 보호를 의미합니다.

"안위하시나이다"는 '안심시키다, 용기를 주다, 힘을
주다'라는 뜻입니다. 용기란 위험이나 해를 받는 것을
두려워하지 않는 마음, 혹은 그런 상태입니다. 용기가
있다는 것은 불안과 두려움이 아닌 평안이 있음을 의미
합니다. 하나님의 임재는 나를 안심시키고, 더 나아가

용기를 가지고 살아가게 해 줍니다. 논리와 계산을 통해 두려움을 극복하는 것이 아닙니다. 나의 경험과 능력을 의지하는 것도 아닙니다. 그저 목자의 임재를 통해, 목자의 지팡이와 막대기를 바라보며 안심하고, 용기를 내는 것입니다. 이것이 믿음입니다. 하나님의 임재를 경험하고 하나님의 사랑과 능력을 믿음으로 두려움을 이겨 내야 합니다.

내가 주의 영을 떠나 어디로 가며 주의 앞에서 어디로 피하리이까 내가 하늘에 올라갈지라도 거기 계시며 스올에 내 자리를 펼지라도 거기 계시니이다 내가 새벽 날개를 치며 바다 끝에 가서 거주할지라도 거기서도 주의 손이 나를 인도하시며 주의 오른손이 나를 붙드시리이다(시 139:7-10).

사도 바울의 서신에는 "그리스도 안에서"(ἐν χριστου, 엔 크리스토)라는 말이 164번이나 등장합니다. 그리스도 안에서 살아간다는 것은 하나님 안에서 주님의 임재하에 사는 것을 의미합니다. 초대 교회 성도들은 많은 환란과 박해를 겪었지만, 그리스도 안에 거하였기에 "사망의 음침한 골짜기"를 끝내 통과할 수 있었습니다. 사도 요한도 예수 그리스도의 삶과 가르침을 통해 믿는 사람들은 그리스도 안에, 하나님의 임재 아래 살아가야 함을 강조했습니다.

그날에는 내가 아버지 안에, 너희가 내 안에, 내가 너희 안에 있는 것을 너희가 알리라(요 14:20).

신칼뱅주의를 이끈 네덜란드의 목회자요 신학자이며 정치가인 아브라함 카이퍼(Abraham Kuyper)는 다음과 같은 말을 남겼습니다.

"우리가 살아가면서 전능하신 하나님의 존재를 경험하고, 그분과 인격적이고 특별한 관계를 맺기 시작할 때, 비로소 하나님은 하늘에 계신 나의 주님이 된다."

신앙인이라면 하나님의 임재를 경험하고, 나와 하나님의 관계가 양과 목자의 관계처럼 인격적이며 특별해야 합니다. 카이퍼는 하나님과 우리 사이의 친밀한 관계성을 특히 강조합니다.

"여기서 우리가 말하고 있는 관계는 말로 표현하기엔 불가능할 만큼 너무나도 친밀하고 인격적인 관계를 가리킨다. 우리가 이 점을 제대로 이해하지 못했다면 하나님을 깊이 알고 있다고 말할 수 없다. 그러나 하나님을 친밀하게 알기를 간절히 원하기만 해도, 적어도 삶의 지향점에 있어서 바르게 가고 있다고 말할 수 있다."

하나님의 임재 아래서, 하나님의 능력을 믿고 의지하는 삶을 살아야 함을 우리에게 가르쳐 준 디트리히 본

퍼(Dietrich Bonhoeffer)의 찬송 시, 〈선한 능력으로〉를 소
개합니다.

1. 주 선한 능력으로 안으시네
그 크신 팔로 날 붙드시네
절망 속에도 흔들리지 않고
사랑하는 주 얼굴 구하리

2. 이전의 괴로움 날 에워싸고
고난의 길을 걷는다 해도
주님께 모두 맡긴 우리 영혼
끝내 승리의 날을 맞으리

3. 주님이 마신 고난의 쓴잔을
우리도 감사하며 받으리
주님의 남은 고난 채워가며
예수와 복음 위해 살리라

[후렴] 선한 능력으로 일어서리

주만 의지하리 믿음으로

우리 고대하네 주 오실 그날

영광의 새날을 맞이하리

승리의 새날을 맞이하리

나와 함께하시는 임마누엘 하나님.

짧다면 짧고 길다면 긴 인생 여정은 광야와도 같습니다.

시시로 사망의 음침한 골짜기, 눈물과 실패와 질병과 외로움의 골짜기를 건너야 합니다.

하지만 나의 목자는 비록 눈에 보이진 않으시나 언제나 임재하시고 항상 동행해 주십니다. 하늘이든 스올이든, 바다 끝이든 땅끝이든, 저와 함께해 주셔서 감사합니다.

그래서 저는 엄마 품에 안긴 아기처럼 주님 안에서 두려움 없이 항상 평안하고 안전합니다. 죽음의 궁지와 함정에서도 주님은 권능의 막대기와 지팡이로 저를 안위해 주십니다.

만유보다 크신 주님, 당신의 손에서 저를 빼앗아 갈 자가 누구이겠습니까? 죽음의 권세도 나를 해치지 못하니 주님은 죽음 너머까지도 은혜를 예비해 주셨습니다.

주께서 나와 함께하심이 세상에서 가장 큰 복입니다.

예수님의 이름으로 기도합니다. 아멘.

나의 고백

나와 함께하시는 임마누엘 하나님.

5장

헝클어진 풍부의 고백

내 잔은
부족하지 않습니다

주께서 내 원수의 목전에서 내게 상을 차려 주시고
기름을 내 머리에 부으셨으니 내 잔이 넘치나이다

시편 23:5

밥상을 차리는 목자

사무엘하 9장에는 다윗이 사울의 손자요 요나단의 아들인 므비보셋에게 은총을 베푸는 아름다운 이야기가 실려 있습니다. 이스라엘의 왕이 된 다윗은 어느 날 사울의 가문에서 살아남은 자를 찾습니다.

다윗과 사울의 인연은 길고 복잡했습니다. 다윗은 왕이었던 사울을 도와 많은 공로를 세웠고, 사울의 장남 요나단과 깊은 우정을 나누었으며, 사울의 딸 미갈과 부부의 연을 맺었지만, 결국 사울의 미움을 받고 긴 시간 동안 생명의 위협을 받으며 도망자로 살아야 했습니다. 사무엘 선지자에게서 기름 부음을 받아 왕의 계승자가 되었음에도, 다윗을 인정하지 않는 사울의 폭주는 그의 인생을 비극으로 몰아갔습니다. 결국, 사울과 요나단은 비참한 죽음을 맞이했고, 다윗은 하나님의 뜻을 따라 왕이 됩니다. 그러나 이후에도 사울의 넷째 아들 이스보셋과 2년 넘게 전쟁을 해야만 했습니다.

사울과의 악연에도 불구하고, 다윗이 사울의 후손을 찾은 이유는 무엇입니까? 놀랍게도 복수를 위해서가 아니라 하나님의 은총을 베풀기 위해서였습니다(삼하 9:3). 사울의 손자이자 요나단의 아들인 므비보셋이 다윗 앞에 불려 옵니다. 므비보셋은 이미 몰락한 가문의 사람으로 다리를 저는 장애가 있는 비천한 신세였습니다. 두려움에 떠는 므비보셋에게 다윗이 건넨 말은 이러했습니다.

무서워하지 말라 내가 반드시 네 아버지 요나단으로 말미암아 네게 은총을 베풀리라 내가 네 할아버지 사울의 모든 밭을 다 네게 도로 주겠고 또 너는 항상 내

상에서 떡을 먹을지니라(삼하 9:7).

　다윗이 므비보셋에게 베푼 은총이 놀랍습니다. 요나단과의 우정 때문에 므비보셋의 조부 사울의 죄를 묻지 않고, 잃어버린 기업을 돌려줄 뿐 아니라 "왕자 중 하나처럼 왕의 상에서" 떡을 먹게 해 주었습니다(삼하 9:11). 왕의 상에서 음식을 먹는다는 것은 왕자에 버금가는 대우를 받는 것으로 존중과 사랑이 담겨 있는 행위입니다.

　"내게 상을 차려 주시고"(5절)는 잔치를 떠올리게 합니다. 목자와 양의 관계가 잔치를 베푸는 주인과 귀한 손님의 관계로 그려지고 있는 것입니다. 일개 가축이 아닌 귀한 손님, 혹은 소중한 가족으로 관계가 발전한 것을 의미합니다. 앞 절의 "사망의 음침한 골짜기"와는 대조적으로 푸짐한 음식, 신나는 음악과 춤, 기쁨의 웃음소리 등을 연상하게끔 합니다. 단순히 음식만 내어 주는 것이 아니라 주인이 손수 상을 차리는 것입니다. 친구나 가족 같은 친밀한 관계에서 가능한 일입니다. 이것은 가장 극진한 사랑의 표현이자 대접입니다.

시편 78편에는 이스라엘 백성이 광야에서 하나님을 대적했던 역사가 기록되어 있습니다.

그뿐 아니라 하나님을 대적하여 말하기를 하나님이 광야에서 식탁을 베푸실 수 있으랴(시 78:19).

그러나 하나님은 이처럼 하나님을 시험한 이스라엘 백성에게 광야의 식탁을 베풀어 주셨습니다. 생수, 만나, 메추라기가 그것입니다. 누가복음 15장에는 '탕자의 비유'가 나옵니다. 이야기 속 아버지는 유산을 미리 챙겨 집을 나갔던 불효자가 재산을 탕진하고 돌아왔을 때, 오히려 큰 잔치를 베풉니다. 집에서 성실하게 아버지를 섬겼던 큰아들은 이에 불만을 표현하지만, 아버지의 마음을 미처 헤아리지 못한 탓입니다. 자격 없는 둘째 아들에게 아버지가 큰 잔치를 베푼 것은 귀환한 아들을 환영하는 뜻도 있지만, 집안사람들과 동네 이웃들에게 돌아온 아들의 지위가 회복되었음을 공포하는 의미가 있습니다. 다윗이 므비보셋을 왕의 식탁에 앉힘으로써 다른 신하들에게 므비보셋의 신분을 공포하고 보장해 준 것과 비슷합니다. 이렇듯 상을 차려 주는 것은 신분의 보장과 회복을 의미합니다.

성경은 세상에서 믿음을 지킨 이들에게 천국 잔치가 예비되어 있음을 가르쳐 줍니다.

볼지어다 내가 문밖에 서서 두드리노니 누구든지 내 음성을 듣고 문을 열면 내가 그에게로 들어가 그와 더불어 먹고 그는 나와 더불어 먹으리라(계 3:20).

주님을 영접하고 하나님의 자녀가 되는 것을 주님과 더불어 먹는 것이나 한 상에 앉는 것으로 표현합니다. 단순히 밥을 함께 먹는 것이 식탁 교제가 아닙니다. 무엇을 먹느냐, 메뉴가 중요한 것도 아닙니다. 하나님의 호의를 받고 있다는 의식, 그것이 중요합니다. 따라서 하나님이 베풀어 주시는 식탁은 구원과 은혜와 축복을 의미합니다. 식탁은 제단이며 음식은 제물인 셈입니다. 아시리아 작가인 조지 람사(George M. Lamsa)는 자신의 책, 《*The Shepherd of All*》(모두의 목자)에서 다음과 같이 말했습니다.

"중동 지역에서 한 사람의 명성은 그가 소유한 재산이 아니라 손님에게 베푸는 식탁과 풍성한 환대에 의해 평가받는다."

위대한 하나님의 명성은 그분이 우리에게 베푸시는 가장 크고 풍성한 상으로 증명됩니다.

원수의 목전에서

"내 원수의 목전에서" 잔치를 베푸신다는 것은 어려운 상황에 놓인 이에게 인정과 사랑을 표현하는 것입니다.

하나님은 원수들 앞에서 나를 외면하거나 무시하지 않으시고, 귀한 손님으로 대접하여 나를 높여 주십니다. 나를 대적하고, 시기하며 정죄하는 원수들이 지켜보는 자리에서 나를 위한 큰 잔치가 열리는 장면을 상상해 봅시다. 그 잔치의 목적은 내가 섬기는 하나님이 원수의 신보다 위대함을 공개적으로 선포하는 것입니다. 이웃에게 미움받고 따돌림당하던 세리장 삭개오의 집에 예수님이 들어가셔서 함께 식사하며 하룻밤 머무신 일, 오병이어의 기적으로 잔치를 베푸신 일, 잡혀가시기 직전에 제자들을 위해 주님이 유월절 만찬을 준비하신 일 등은 바로 "원수의 목전에서" 베푸시는 잔치에 해당합니다.

반면 우리는 원수의 목전에서 주님을 어떻게 대하고 있습니까? 가룟 유다는 은 삼십에 예수님을 팔았습니다. 주님을 버리지 않겠다고 장담하던 베드로는 대제사장 가야바의 뜰에서 예수님을 모른다고 세 번이나 부인했습니다.

그가 저주하며 맹세하여 이르되 나는 그 사람을 알지

못하노라(마 26:74).

베드로는 원수의 목전에서 주님을 무시하고 부정한 것입니다. 얼마나 부끄러운 일입니까? 우리는 이렇게 살지 말아야 합니다. 그런데 이토록 부끄러운 짓을 저지른 베드로에게 예수님이 친히 찾아오셔서 사탄이 보란 듯이 생선구이와 떡으로 아침상을 차려 주셨습니다. 이것이 "원수의 목전에서" 상을 베푸시는 주님의 모습입니다.

우리도 사탄이 보란 듯이 주님께 상을 차려 드려야 합니다. 고난을 마주했을 때, 유혹과 시험이 있을 때도 믿음을 지키고 주님이 기뻐하시는 길로 행하는 것, 그것이 원수의 목전에서 주님께 상을 차려 드리는 일일 것입니다. 저에게도 그런 경험이 있습니다. 나를 험담하고 힘들게 했던 분의 자녀가 해외에서 학위를 마칠 때까지 장학금 혜택을 준 일이 있습니다. 그 사람에게 긍휼과 용서를 베푼 것이지만, 동시에 하나님께 상을 차려 드리는 일이었음을 믿습니다.

시인은 목자이신 주님이 자기 머리에 기름을 부어 주신다고 말합니다. 양 같은 우리를 인도하시고, 임재하여 함께하시고, 보호하시고, 먹이시는 선한 목자 하나님이 우리에게 기름을 부어 존귀하게 하십니다. 유대인들에겐 축하연을 연 주인이 연회장에 들어오는 하객들에게 기름을 발라 주는 문화가 있습니다. 올리브기름에 향수와 향신료 등을 섞어 하객의 머리 위에 붓거나 발랐는데, "당신은 특별한 사람입니다"라는 공적 선언이 담긴 행위입니다. 즉, 상대방을 환영하며 존경한다는 뜻입니다. 당시 귀한 물품이었던 기름을 사용해 환대의 마음을 표현하는 것은 상대가 최상의 대접을 받을 뿐 아니라 존경과 사랑까지 받음을 확신하게 했습니다.

성경에서 기름 부음은 메시아, 왕, 제사장 같은 중요한 직분의 임명식이나 취임식에 사용되는 의식이었습니다. 따라서 내 머리에 향유를 부어 주시는 것은 나의 존재를 존귀한 손님으로 격상시켜 주시는 의미입니다.

누가복음 7장에는 예수님의 발에 값비싼 향유를 부은 여인의 이야기가 나옵니다. 상황은 이랬습니다. 당시 예수님은 한 바리새인의 초대를 받아 그의 집에 손님으로 들어가셨습니다. 그런데 이상하게도 집주인은 예수님을 당시 예법대로 대접하지 않고 홀대했습니다. 그런 상황에서 예수님이 앉아 계실 때, 한 여인이 "향유 담은 옥합"을 가지고 들어와 예수님 곁에서 울며 눈물로 예수님의 발을 적시고, 자기 머리털로 닦았습니다(눅 7:37-38). 그러고는 예수님의 발에 입 맞추고 향유를 부었습니다. 성경이 기록하기로 그 여인은 죄인이었고, 바리새인이 그녀의 섬김을 받은 예수님까지 무시하였던 것(눅 7:39)을 볼 때, 아마도 유대인의 관점에서 죄로 정하는 일에 종사하는 여자였을 것입니다. 그러나 예수님은 그 바리새인을 향해 "너는 내게 발 씻을 물도 주지 아니하였고(No Water), 입 맞추지 아니하였고(No Kiss), 내 머리에 감람유도 붓지 않았다(No Oil)"라고 질책하셨습니다.

너는 내 머리에 감람유도 붓지 아니하였으되 그는 향
유를 내 발에 부었느니라(눅 7:46).

그리고 예수님께 최고의 사랑과 존경을 표현한 여인
의 죄 사함을 선포하셨습니다.

이러므로 내가 네게 말하노니 그의 많은 죄가 사하여
졌도다 이는 그의 사랑함이 많음이라 사함을 받은 일
이 적은 자는 적게 사랑하느니라(눅 7:47).

실제로 목자들은 기름을, 해충을 박멸하거나 양들의
싸움을 막거나 상처를 치료하는 세 가지 용도로 사용했
습니다.

벌레는 사람에게도 귀찮은 존재이지만, 양들에게는
생명을 위협하는 치명적인 존재입니다. 쇠파리, 말파
리, 코파리, 사슴파리, 진디, 등에, 모기, 각다귀 등 종류
도 다양한 해충의 공격은 양을 괴롭히고, 이런 상태가

지속되면 양은 거의 미칠 지경에 몰리게 됩니다. 이 중에서도 양에게 가장 심한 고통을 주는 벌레는 코파리인데, 이 작은 파리는 양의 코의 끈끈한 점막에 알을 낳으려고 얼굴 주위를 돌며 귀찮게 합니다. 만일 코파리가 알 낳기에 성공한다면 그 알은 며칠 안에 부화하여 작고 가느다란 유충이 됩니다. 이 유충은 콧구멍을 통해 양의 뇌로 들어가 극심한 자극을 주는데, 이로 인해 악성 염증이 생깁니다. 견디기 힘든 고통에서 벗어나기 위해 양은 머리를 나무나 바위나 잡목들에 사정없이 들이박곤 합니다. 머리를 땅에 대고 문지르며 나무숲에서 구르기도 합니다. 오래 방치하면 눈이 멀게 되고, 심하게 감염된 경우에는 미친 듯이 날뛰다가 결국 목숨을 잃습니다. 그래서 목자는 파리가 보이기만 해도 즉시 양들의 머리에 방충제를 발라 줍니다. 이때 사용하는 방충제가 올리브유, 아마유, 유황, 타르 등을 섞어서 만든 기름입니다. 이 기름으로 파리 같은 해충의 접근을 막는 것입니다.

또한 발정기 숫양들이 서로 머리를 세게 부딪치며 싸

울 때가 있는데, 양들이 목숨을 잃을 정도로 크게 다치지 않게 뿔에 기름을 발라 서로 빗나가게 했습니다.

그리고 양의 찢긴 상처에 치료 목적으로 기름을 발랐습니다. 기름 치료는 짐승뿐 아니라 사람에게도 사용할 만큼 흔한 일이었습니다.

너희 중에 병든 자가 있느냐 그는 교회의 장로들을 청할 것이요 그들은 주의 이름으로 기름을 바르며 그를 위하여 기도할지니라(약 5:14).

이처럼 목자와 양의 관계에서 기름은 해충의 공격과 다른 이와의 다툼에서 양들을 보호하고, 깨지고 상한 상처를 치유하는 치료제였습니다. 양들은 자기 코에 발라져 있는 기름 때문에 파리들이 다가오지 못한다는 사실을 몰랐을 수 있습니다. 그것이 목자의 사랑이요 은혜입니다. 목자가 기름으로 양들을 치료하는 것처럼, 하나님은 성령의 기름으로 우리의 상처와 질병과 괴로움과 연약함을 치유하고 고쳐 주십니다. 기름 부음은 축복, 능력, 자유가 임하는 상징으로 자주 사용되었습니다.

주 여호와의 영이 내게 내리셨으니 이는 여호와께서 내게 기름을 부으사 가난한 자에게 아름다운 소식을 전하게 하려 하심이라 나를 보내사 마음이 상한 자를 고치며 포로된 자에게 자유를, 갇힌 자에게 놓임을 선포하며(사 61:1).

풍성한 축복, 넘치는 잔!

기름 부음이 우리 머리 위로 주어지는 외적인 사랑과 존경의 표현이라면, 넘치는 잔은 우리 내면을 충만함으로 채우는 것으로, 충분하고 풍족한 하나님의 은혜를 상징합니다. 잔이 넘친다는 것은 분량이 다 찼고, 필요가 다 채워졌으며, 따라서 부족함이 없는 상태를 의미합니다. 더 나아가 내 필요를 다 채우고도 넘쳐흘러 타

목자가 기름으로 양들을 치료하는 것처럼,
하나님은 성령의 기름으로
우리의 상처를, 질병과 괴로움과 연약함을
치유하고 고쳐 주십니다.

인과 이웃에게도 유익을 끼치는 상태입니다.

우리 목자이신 주님은 인색한 분이 아니십니다. 가득 채워 주시고도 넘치도록 은혜와 복을 내려 주시는 분입니다. 예수님은 "일곱 번을 일흔 번까지라도"(마 18:22) 용서하라고 말씀하실 정도로 마음이 크고 넓으신 분입니다. 옛날 시골 장터의 인심을 생각해 보십시오. 곡식을 되로 담아 줄 때, 누르고 흔들어 꽉꽉 채우는 데서 그치지 않고 덤으로 더 담아 주는 것이 시골 인심이었습니다. 예수님도 우리에게 그렇게 후히 주신다고 말씀하십니다.

주라 그리하면 너희에게 줄 것이니 곧 후히 되어 누르고 흔들어 넘치도록 하여 너희에게 안겨 주리라(눅 6:38a).

가나의 혼인 잔치에서 예수님은 하인들에게 커다란 돌항아리 여섯 개에 물을 아귀까지 채우라 하시고, 그 물을 최고급 포도주로 바꾸어 주셨습니다(요 2:1-11). 또한 인생의 만족을 얻지 못한 채 방황하던 사마리아 여인에게는 영원히 목마르지 않을 생수를 약속해 주셨습니다(요 4:5-26). 성인 남성 5천 명이 먹고도 열두 광주리의 음식이 남았던 오병이어의 기적 역시 예수님의 사랑과 은혜가 얼마나 크고 풍족한지를 잘 보여 주는 예입니다. 예수님이 이 땅에 오신 목적 자체가 우리로 하여금 풍성히 얻게 하기 위함입니다.

도둑이 오는 것은 도둑질하고 죽이고 멸망시키려는 것뿐이요 내가 온 것은 양으로 생명을 얻게 하고 더 풍성히 얻게 하려는 것이라(요 10:10).

이처럼 흘러넘치는 잔은 풍요와 기쁨의 상징이요, 내가 크게 환영받고 사랑받는다는 확신을 줍니다. "속옷을 가지고자 하는 자에게 겉옷까지도" 내어 주는 사랑이요 "억지로 오 리를 가게 하거든 그 사람과 십 리를 동행"하는 사랑입니다(마 5:40-41).

제 삶을 돌아보니 하나님의 은혜가 언제나 넘치도록

풍성했습니다. 그저 하나님을 사랑하고 주님이 불러 주심에 감사해서 신학을 공부하고 목회자로 살았을 뿐인데, 하나님은 나를 구원해 주시고 우리 가족 모두를 구원해 주셨습니다. 유학의 길을 열어 박사 학위를 받는 축복을 주시고, 하나님의 귀한 교회를 개척하게 해 주셨습니다. 귀국 후에는 신학교 교수로 일하게 하셨고, 성결교단의 모교회인 중앙성결교회 담임 목사로 세워 주셨습니다. 그리고 교단의 총회장으로 섬길 기회를 주시고, 자녀들의 삶과 가정을 축복해 주실 뿐 아니라 귀한 손주들도 선물로 주셨습니다. "이게 웬 은혜입니까? 내 잔이 넘치나이다"라고 절로 고백할 수밖에 없습니다. 주님의 은혜로 감사, 감격, 만족의 삶을 살아왔습니다. 넘치는 잔은 내가 채울 수 있는 것이 아닙니다. 하나님이 채워 주셔야 넘치도록 큰 은혜가 내 삶에 주어집니다.

우리에게는 풍부의 영성이 필요합니다. 삶의 현실이 어떠하든지 내면의 풍부함을 유지해야 합니다. 내면이 풍부한 사람은 마음가짐, 사용하는 언어, 타인과의 관계에서 여유가 느껴지고, 나눔의 삶을 실천하며 건강한 자화상을 가지고 살아갑니다. 긍정적인 자화상과 밝은 세계관을 가진 사람에게는 더 많은 축복과 은혜가 주어집니다.

신앙인은 좋은 것을 흘려 보내는 플로잉(Flowing)을 생활화해야 합니다. 고여 있는 물은 썩는다는 말이 있듯이, 우리의 시간과 건강과 물질과 재능을 하나님과 이웃을 위해 흘려 보내야 합니다. 이것이 소통하는 나눔의 삶입니다. 주고, 나누는 삶은 우리를 빈궁하게 만드는 것이 아니라 넘치도록 채워 주시는 하나님의 축복을 경험하게 해 줍니다.

〈생수의 강〉이라는 복음 성가는 넘치는 잔의 은혜를 잘 묘사해 줍니다.

생수의 강이 내게서 흐르네
저는 자 걷고 눈먼 자 보겠네

옥문 열고 갇힌 자 푸시는

생수의 강이 내게 흘러넘치네.

우물물아 솟아나라 솟아나라

넘치도록 솟아나라 넘쳐나게

솟아나서 날 푸소서

현대 경영학의 창시자로 평가받는 미국 경영학자 피터 드러커(Peter F. Drucker)는 왜 기독교 신앙을 갖게 되었느냐는 질문에 "그것이 최고로 수지맞는 일이거든요"라고 대답했습니다. 예수님을 내 삶의 주인으로 고백하는 것, 다시 말해 신앙을 가지고 살아가는 것이 우리 삶을 수지맞게 합니다. 은혜가 풍성합니다. 우리 잔을 넘치도록 채워 주십니다. 주님이 십자가에서 고난의 잔을 마심으로써 우리 은혜의 잔이 넘치게 되었습니다. 잔이 넘치도록 하나님의 사랑을 받은 우리는 더 많이 사랑해야 합니다. 더 많이 감사하고, 더 많이 나누고, 더 많이 섬기고, 더 보람 있게 살아야 합니다. 감사하는 사람이

행복한 사람입니다. 행복하기에 감사하는 것이 아니라

감사하기에 행복한 것입니다.

모든 좋은 것에 풍성하신 하나님,

세상을 창조하시고 구원하심이 어찌 그리 아름답고 영광스러운지요. 주님은 저를 천국 잔치에 초대하시고, 풍성한 식탁과 기름으로 영화롭게 해 주십니다.

인생의 수고와 괴로움을 아득히 잊게 할 영광을 저를 위해 예비하시니 감사합니다. 제가 무엇이기에 주께서 저를 이토록 생각하시며 돌보시나이까?

주님께 반역했던 죄인이 아무 공로 없이 구원도 받고 하나님의 자녀가 되었습니다. 이제 믿음 안에서 아버지의 풍성함을 누리며, 늘 감사와 찬양과 기도로 살게 하옵소서.

주님이 원수들 앞에서 저에게 상을 베푸시고 존귀로 기름을 부으시는 것처럼, 저도 사탄 보란 듯이 하나님께 영광과 승리를 돌리는 삶을 살게 하소서.

하나님 나라의 생명의 풍성함과 부요함을 이 세상에서 미리 누리며 나누게 하옵소서. 주님이 부으시는 은혜가 영원히 제 잔에 넘치나이다.

예수님의 이름으로 기도합니다. 아멘.

나의 고백

모든 좋은 것에 풍성하신 하나님,

6장

헝클어진 선포의 고백

영원한 집이 있음을
자랑합니다

내 평생에 선하심과 인자하심이 반드시 나를 따르리니
내가 여호와의 집에 영원히 살리로다

시편 23:6

신뢰의 선포

시편 23편은 고난의 상황에서도 하나님을 향한 믿음을 고백하는 '신뢰의 시'입니다. 본래 신뢰 시는 탄원 시와 일맥상통합니다. 탄원 시의 기본 구조는 하나님을 부름, 탄식, 간구, 신뢰 확신, 찬양 맹세로 이루어지는데, 이 다섯 요소 중 신뢰 부분이 확장하고 발전하여 독립적인 형태를 띤 것이 신뢰 시입니다.

시편 23편은 "여호와는 나의 목자시니 내게 부족함이 없으리로다"(1절)라는 신앙 고백으로 시작해 "내가 여호와의 집에 영원히 살리로다"(6절)라는 선포로 끝납니다.

목자와 양의 관계가 5절에 이르러 주인과 손님의 관계로 발전했다면, 6절에선 가족의 관계로 발전합니다. 한 번 초대받은 손님이 아니라 그 자리가 너무 좋아 주인 가족의 일원이 되어 영원히 함께하겠다는 선포입니다. 하나님의 사람, 하나님 가족의 일원이 되는 것입니다.

그러므로 이제부터 너희는 외인도 아니요 나그네도 아니요 오직 성도들과 동일한 시민이요 하나님의 권속이라(엡 2:19).

하나님의 성품을 고백하다

살아온 평생을 돌아볼 때, 우리는 어떤 고백을 하게 될까요? 조용기 목사님이 작사한 새찬송가 308장 〈내 평생 살아온 길〉은 그의 평생 신앙 고백과도 같은 찬양입니다. 1절 가사를 보십시오.

내 평생 살아온 길 뒤를 돌아보오니

걸음마다 자욱마다 모두 죄뿐입니다.

우리 죄를 사하신 주의 은혜 크시니

골고다의 언덕길 주님 바라봅니다.

    조용기 목사님의 고백처럼 우리 삶을 믿음의 눈으로 돌아보면 선하고 아름다운 것보다는 죄와 허물이 가득한 것을 깨닫습니다. "의인은 없나니 하나도"(롬 3:10) 없다고 하신 주님의 말씀대로 우리 인생이 남긴 발자국은 온통 죄의 흔적일 뿐입니다.

    그럼에도 다윗은 "내 평생에 선하심과 인자하심"(시 23:6)이 따른다고 고백합니다. 여기서 말하는 "선하심과 인자하심"은 인간 다윗에게서 비롯된 것이 아닙니다. 이것은 하나님의 성품입니다. 우리를 대하시는 하나님의 모습은 하나님의 성품과 연관이 깊습니다. "선하심"(טוֹב, 토브)은 '기쁨, 유용함, 효과적임, 아름다움, 착함, 옳음, 도덕적 선함'을 의미하고, "인자하심"(חֶסֶד, 헤세

드)은 '자비, 은혜, 자애, 도움, 친절, 신실함'을 의미합니다. 두 성품은 상호 보완적입니다. 죄인인 우리는 하나님의 인자하심을 의지해서만 절대선(絶代善)이신 하나님 앞에 나아갈 수 있습니다.

그렇다면 하나님의 인자하심이 하나님의 절대적인 선과 어떻게 양립할 수 있습니까? 예수님의 십자가가 이를 가능하게 합니다. 하나님의 선하심은 우리의 모든 필요를 채우시며, 인자하심은 모든 허물을 덮습니다. 하나님은 인자하심으로 우리를 용서하시고, 선하심으로 우리를 준비시킵니다.

너희는 여호와의 선하심을 맛보아 알지어다 그에게 피하는 자는 복이 있도다(시 34:8).

다음은 하나님의 두 성품, 선하심과 인자하심을 찬양한 복음 성가 〈나는 길 잃은 나그네였네〉의 1절 가사입니다.

나는 길 잃은 나그네였네, 죄 중에 헤매이는데

사랑의 왕 내 목자 예수, 나를 집으로 인도하네

진실로 선함과 그 인자하심이, 날마다 함께하시리라

영원토록 주 안에 내가 거하리라

영원토록 주 안에 나 안식하리라

진실로 선함과 그 인자하심이 날마다 함께하시리라

반드시 따르는 은혜

다윗은 하나님의 선하심과 인자하심이 "반드시 나를 따르리니"(6절)라고 고백합니다. 여기서 '따르다'는 '추격하다'라는 뜻입니다. 추격이란 본래 군사 용어로, 적에게 추격당하는 상황을 생각하면 부정적인 느낌이 듭니다. 다윗은 사울에게 쫓기고, 이후에는 아들 압살롬에게 쫓김으로써 평생 추격당하는 삶을 살았습니다. 그러나 그는 자기 삶을 돌아보니, 많은 고난과 시련 속에서도 하나님의 선하심과 인자하심이 늘 함께였음을 고백할 수

밖에 없습니다. 원수들의 추격보다 항상 하나님의 추격이 앞서서 그를 보호해 준 것입니다.

성경에는 하나님의 끈질긴 추격을 경험한 인물들의 이야기가 나옵니다. 요나는 사명을 버리고 달아난 선지자였습니다. 그러나 하나님은 요나를 포기하지 않으셨습니다. 요나는 욥바 항구, 바다 한가운데, 배 밑층, 고래 배 속까지 추격하신 하나님의 뜻에 순종하여 결국 니느웨로 향합니다. 야곱의 인생도 그랬습니다. 벧엘에서 하란, 얍복, 세겜 그리고 노년에는 애굽까지 그가 어디로 가든, 어떤 처지에 있든 하나님은 그와 함께하셨습니다. 우리 역시 하나님의 사랑의 추격을 받고 있습니다. 저는 지금까지 진안, 전주, 부천, 연천, 전곡, 동두천, 미국 내슈빌, 다시 부천, 일산, 시카고, 서울, 뉴욕 등지로 스물일곱 번이나 이사를 다녔지만, 어디를 가든 하나님의 선하심과 인자하심은 저를 따라왔습니다.

하나님은 "선하심과 인자하심"으로 우리 인생의 무대에 등장하십니다. "선하심과 인자하심"이 경호원처럼 나를 지키고, 내 삶을 거룩하게 이끌어 갑니다. 마치 앞서가는 목자의 뒤에서 양 떼를 지켜 주는 든든한 양치기 개처럼 "선하심과 인자하심"이 나를 따랐습니다. 어떤 일이 있어도 이 두 가지가 반드시 나를 따르리라는 확신, 이 확신이 있어야 인생의 위기 앞에서도 평안과 기쁨을 놓치지 않을 수 있습니다.

나의 지나온 삶의 흔적은 '확신의 흔적'입니까? 아니면 '불안의 흔적'입니까? 하나님을 만나고 그 은혜를 경험한 사람은 지나온 삶을 통해 앞으로의 인생길에도 하나님의 선하심과 인자하심을 확신합니다. 뒤돌아보니 평생에 하나님의 선하심과 인자하심이 나를 추적해 왔음을 고백하는 것이 먼저요, 이러한 믿음의 고백으로 내가 살아갈 날, 곧 영원한 날 동안 같은 은혜가 이어질 것을 믿는 것입니다.

다윗은 하나님이 자기 언약에 신실하심을 확신합니다. 하나님만을 바라보며 나아가는 자에겐, 해를 바라볼 때 우리 뒤에 그림자가 생기는 것처럼 "선하심과 인자하심"이 항상 뒤따르기 마련입니다. 하나님만 바라며 살아가는 인생 앞에 장애물과 시련이 보일지라도 내 뒤를 항상 따르고 있는 "선하심과 인자하심"을 확신해야 합니다. 이것이 하나님 가족의 표지가 됩니다. 우리가 하나님의 진정한 가족이라면 우리의 선함과 인자함이 겉으로 드러나야 합니다. 죄인인 우리가 구원받을 수 있는 근거도 하나님이 인자하심으로 우리 죄와 허물을 덮어 주시고, 선하심으로 우리를 기억해 주시기 때문입니다.

여호와여 내 젊은 시절의 죄와 허물을 기억하지 마시고 주의 인자하심을 따라 주께서 나를 기억하시되 주의 선하심으로 하옵소서(시 25:7).

나에서 우리로, 공동체적 삶

다윗 왕은 "내가 여호와의 집에 영원히 살리로다"(6절)라고 선언하며 시편 23편을 끝맺습니다. 하나님의 가족이 되기를 영원히 서원한 것입니다. 하나님의 집에 평안과 만족이 충만하기에 눌러살겠다고 선언합니다. 나의 모든 필요를 공급하고, 위험에서 건져 주며, 큰 상을 차려 주시는 목자의 양이기에, 그런 주인의 손님이기에, 그런 하나님의 가족이기에 행복하다고 간증하는 것입니다.

"여호와의 집"은 영원히 살 집입니다. 우리가 살아가는 이 세상은 임시 처소에 불과합니다. 신앙인은 하나님 나라, 곧 천국을 본향으로 여깁니다. 고향을 멀리 떠나와 살면서도 향수를 느끼지 못한다면, 그것도 비극입니다. 고된 나그네 생활을 이어 가는데 돌아갈 고향, 그리워할 집이 없다면 얼마나 슬픈 일입니까?

여호와의 집에 영원히 살겠다는 선언은 오늘날 성전 예배의 중요성과도 연결됩니다. 어디서나 언제든지 하나님과 소통하며 삶의 예배를 드릴 수 있지만, 교회와 성전은 여호와의 집을 형상화한 의미 있는 공간입니다. 그래서 모여서 함께 드리는 공동체 예배의 자리를 평생 지켜 나가는 것은 참으로 귀하고 복된 일입니다. 하나님과 영원히 함께하는 삶, 그 이상의 평안도 그보다 더 좋은 웰빙도 없습니다.

시편 23편은 얼핏 보면 공동체성이 부족해 보입니다. 개인의 영성과 신앙 고백만을 다루고 있는 듯 보입니다. 본래 신앙은 개인적인 영적 체험에서 시작해 공동체를 지향하기 마련입니다. "내 잔이 넘치나이다"(5절)라는 말은 개인의 충족을 넘어 다른 사람에게까지 흘러가는 은혜와 축복을 의미합니다. "여호와의 집에 영원히 살리로다"(6절)라는 선언은 개인의 내적 고백이 아닌 이웃과 공동체를 향한 믿음의 선포로 봐야 합니다.

하나님의 은혜를 경험했으면, 그것을 시인하고, 고백하고, 더 나아가 선포해야 합니다. 먼저는 하나님이 우리 고백과 선포를 기쁨으로 받으시고, 그다음은 이웃과 공동체가 힘 있는 증거로 받습니다. 교회는 하나님의 사랑과 은혜를 증언하는 공동체입니다. 전도는 하나님에 대한 지식 전달이 아니라 살아있는 자기 간증입니다. 사탄은 우리가 하나님께 속한 존재임을 선포하고,

우리 마음이 하나님께로 확증되었음을 고백하는 것을 무서워합니다. 이것이 영적 전쟁의 승리입니다.

공동체적 선포는 주인이 베푼 풍족한 상과 넘치는 잔을 받은 손님의 자연스러운 응답입니다. 한번 초대받아 머무는 손님이 아니라 그 집에서 영원히 함께 사는 가족이 되고 싶다는 선포입니다. 내면의 고백이 공적인 선포로 표현된 것입니다. 주인에게만 하는 말이 아니라, 공동체에 선포하는 고백입니다.

요세미티 국립공원에 가면 볼 수 있는 거대한 레드우드(세쿼이아, 삼나무)는 50-120m까지 크게 자라는데, 평균 수령이 800년 이상입니다. 그런데 이렇게 거대한 나무의 뿌리는 3-4m밖에 되지 않습니다. 상대적으로 뿌리가 짧은 레드우드가 아주 거대하게 성장할 수 있는 비결은 다른 나무의 뿌리와 연결되어 있기 때문입니다.

우리는 다른 사람과 얼마나 연결되어 있습니까? 우리 교회와 가정은 얼마나 단단하게 연결되어 있습니까? 선한 목자이신 하나님의 은혜와 보호 아래 살아가는 우리는 선하고 거룩한 공동체를 이루어 가야 합니다.

뉴욕타임스 칼럼니스트인 데이비드 브룩스(David Brooks)는 그의 책《두 번째 산》에서 "사람은 고통과 시련을 통해 삶의 태도를 재정립하게 된다"라고 말합니다. 인생의 큰 고난을 극복하고 다시 일어서기 위해서는 인생을 바라보고 대하는 태도가 근본적으로 바뀌어야 합니다. 더 이상 개인의 행복, 자율, 독립성 등을 중시하는 이기적인 가치관에 머물러서는 안 되며 관계성을 회복하고 공동체적이며 도덕적인 기쁨을 추구해야 함을 강조합니다. 첫 번째 산이 개인의 성공과 성취를 지향하는 삶이라면, 설혹 그 등정에 실패하더라도 모두가 지향해야 할 '두 번째 산'이 있다고 말합니다. 두 번째 산은 의미를 추구하는 삶으로 가정, 교회, 공동체를 위한 삶을 가리킵니다. 이러한 삶의 태도 변화는 우리가 살고 있는 사회와 우리가 속해 있는 공동체를 밝고 건강하게 만들어 줍니다. 그리고 궁극적으로는 나를 포함한 모든 개인이 그 공동체 안에서 더 행복한 삶을 누리게 됩니다.

시편 23편을 정리하면, "여호와"가 1절과 6절, 곧 처음과 끝에서 언급되는 수미상관 구조입니다. "나"라는 1인칭 대명사는 열네 번 쓰였으며, 나의 신앙 고백이 강조되어 있습니다. 시의 구조를 인생 주기에 견주어 보면, 1-2절은 유년기에 해당합니다. 어린 시절에는 보호와 공급이 필요하듯이 목자의 보호와 돌봄에 관해 말합니다. 3절은 청년기입니다. 청년에게는 삶의 방향을 제시해 줘야 하고 때로는 훈육이 필요합니다. 4-5절은 중년의 위기에 찾아오는 두려움을 극복하여 안위의 삶을 살아가야 함을 말합니다. 6절은 노년의 깨달음입니다. 살아온 날들을 돌아보며 하나님의 선하심과 인자하심을 기억하고, 남은 삶 또한 하나님께 맡기는 것입니다.

지나친 자기 신뢰를 내려놓으십시오.

여호와께서 우리 목자이십니다.

탐욕을 내려놓으십시오.

부족함이 없게 채워 주십니다.

분주함과 과로를 내려놓으십시오.

우리에게 안식을 주십니다.

근심과 걱정을 내려놓으십시오.

여호와께서 우리 앞길을 인도하십니다.

절망을 내려놓으십시오.

우리 영혼을 소생시키십니다.

죄의 짐을 내려놓으십시오.

우리를 의롭다 하십니다.

교만을 내려놓으십시오.

겸손한 자에게 하나님은 호의를 베푸십니다.

두려움을 내려놓으십시오.
우리를 안위해 주십니다.

외로움을 내려놓으십시오.
우리와 늘 함께해 주십니다.

부끄러움을 내려놓으십시오.
우리에게 풍성한 상을 베푸십니다.

낙심을 내려놓으십시오.
인정과 치유의 기름을 발라 주십니다.

질투를 내려놓으십시오.
우리 잔이 넘치도록 채워 주십니다.

의심을 내려놓으십시오.
주의 선하심과 인자하심이 반드시 따릅니다.

선포의 영성을 위한 기도문

언제나 누구에게나 자랑하고 선포하고 싶은 하나님, 은혜가 풍성하신 하나님이 제게 은혜 위에 은혜를 베풀어 주셨습니다. 죄와 저주와 사망 권세의 추격을 받던 제가 주님의 집요한 은혜의 추격을 받았습니다.

그리고 주님의 선하심과 인자하심이 결국 저를 사로잡았습니다. 주님의 선하심과 인자하심이 제 모든 문제를 해결해 주고, 저를 온전하게 만듭니다.

이제 평생토록 주님과 동고동락하며, 동거·동행하며 살기를 원합니다. 하나님과의 거룩한 영적 연합과 교제로 주님과 하나 되게 하옵소서.

나의 소망, 나의 찬양, 나의 자랑은 오직 내 목자 되신 주님께만 있습니다.

내 마음과 입술을 열어 주의 은혜를 온 천하에 선포하게 하옵소서. 온 백성과 천지 만물이 주님께 나아와 함께 영광 돌리게 하옵소서.

예수님의 이름으로 기도합니다. 아멘.

나의 고백

언제나 누구에게나 자랑하고 선포하고 싶은 하나님,

참고문헌

필립 켈러, 김만풍 옮김, 《양과 목자》, 생명의말씀사, 2018.
맥스 루케이도, 나벽수 옮김, 《짐을 버리고 길을 묻다》, 좋은씨앗, 2002.
케네스 E. 베일리, 류호준·양승학 옮김, 《선한 목자》, 새물결플러스, 2015.